探矿和勘探规章及建议合订本

修订版

2015 年

16-00862 (C)

国际海底管理局
2015 年于牙买加出版

© 国际海底管理局 2015 年

16-00862 (C)

内容

导言

I. 规章

II. 建议和程序

导言

本修订版探矿和勘探规章及建议合订本载有国际海底管理局大会迄今核准的各项规章以及为执行管理局的规则、规章和程序所发布的关于技术和行政事项的各项建议。

第一部分包含仅涉及区域内海洋矿物资源探矿和勘探的三套规章。自第一版出版以来，管理局对这些规章作了进一步修订。修订案文被相应插入，由此形成了这个非正式的综合版本。修订案文以不同的粗体字显示，并带有脚注说明。这些规章是：

- 《区域内多金属结核探矿和勘探规章》(2000 年 7 月 13 日批准，2013 年 7 月 25 日和 2014 年 7 月 24 日修订)；[1]

- 《区域内多金属硫化物探矿和勘探规章》(2010 年 5 月 7 日批准，2013 年 7 月 25 日和 2014 年 7 月 24 日修订)；[2]

- 《区域内富钴铁锰结壳探矿和勘探规章》(2012 年 7 月 27 日批准，2013 年 7 月 25 日修订)。[3]

这些规章是主要载于 1982 年《联合国海洋法公约》[4] 第十一部分和附件三和四以及 1994 年《关于执行第十一部分的协定》[5] 的区域总体法律制度的组成部分。

第二部分转载管理局法律和技术委员会发布的给承包者的指导建议，以帮助承包者们执行管理局的规则、规章和程序。其中包括：

- 指导承包者评估"区域"内海洋矿物勘探活动可能对环境造成的影响的建议；[6]

- 承包者及担保国按照勘探工作计划开设培训方案的若干指导建议；[7]

---

[1] ISBA/6/A/18；ISBA/19/A/9、ISBA/19/A/12 和 ISBA/20/A/9。

[2] ISBA/16/A/12/Rev.1、ISBA/19/A/12 和 ISBA/20/A/10。

[3] ISBA/18/A/11 和 ISBA/19/A/12。

[4] A/CONF.62/122 和 Corr.1-11。海洋法：基本文件汇编(国际海底管理局/加勒比法律出版公司，2001 年)，第 1 页。

[5] A/RES/48/263，附件。另见：海洋法：基本文件汇编(国际海底管理局/加勒比法律出版公司，2001 年)，第 206 页。

[6] ISBA/19/LTC/8。

[7] ISBA/19/LTC/14。

- 关于承包者报告实际和直接勘探支出的指导建议；[8]

- 就年度报告内容、格式、结构向承包者提供的指导建议；[9]

另外还有：

- 国际海底管理局理事会有关延长已核准勘探工作计划期限的程序和标准的决定。[10]

---

[8] ISBA/21/LTC/11。

[9] ISBA/21/LTC/15。

[10] ISBA/21/C/19**。

I. 规章

大　会

Distr.: General
25 July 2013
Chinese
Original: English

第十九届会议

2013 年 7 月 15 日至 26 日

牙买加金斯敦

国际海底管理局大会关于《"区域"内多金属结核探矿和勘探规章》修正案的决定

国际海底管理局大会，

审议了 2013 年 7 月 22 日理事会第 190 次会议暂时通过的《"区域"内多金属结核探矿和勘探规章》修正案，

核准理事会决定附件所载《"区域"内多金属结核探矿和勘探规章》修止案。[1]

第 142 次会议

2013 年 7 月 25 日

---

[1] ISBA/19/C/17，附件。

请回收

国际海底管理局

理 事 会

ISBA/19/C/17

Distr.: General
22 July 2013
Chinese
Original: English

第十九届会议

2013 年 7 月 15 日至 26 日

牙买加金斯敦

国际海底管理局理事会关于《"区域"内多金属结核探矿和勘探规章》修正案及有关事项的决定

国际海底管理局理事会,

1.   通过本决定附件所载《"区域"内多金属结核探矿和勘探规章》修正案;

2.   决定经修正的该规章自理事会通过之日起暂时适用,以待国际海底管理局大会核准;

3.   如有在该规章修正案生效前提交的请求核准多金属结核工作计划的待审申请,请秘书长在签订勘探合同前与申请者协商,以期在合同的标准条款中加入任何必要的修改内容;

4.   请管理局法律和技术委员会提出使《"区域"内多金属硫化物探矿和勘探规章》[1] 第 21 条与《"区域"内富钴铁锰结壳探矿和勘探规章》[2] 第 21 条保持一致的建议,供理事会第二十届会议审议;

5.   决定在收到第 4 段所述法律和技术委员会的建议之前,不适用《"区域"内多金属硫化物探矿和勘探规章》第 21 条第(1)(b)款;

6.   还请法律和技术委员会审查《"区域"内多金属结核探矿和勘探规章》、《"区域"内多金属硫化物探矿和勘探规章》和《"区域"内富钴铁锰结壳探矿和勘探规章》中与专营"区域"内活动和选择提供联合企业安排中的股份有关的规

---

[1] ISBA/16/A/12/Rev.1。

[2] ISBA/18/A/11。

请 回 收

定，以期在这方面使所有三套规章保持统一，并就此提出建议，供理事会第二十届会议审议。

第 190 次会议
2013 年 7 月 22 日

附件一

"区域"内多金属结核探矿和勘探规章

由法律和技术委员会提出

序言

1982 年 12 月 10 日《联合国海洋法公约》（"《公约》"）规定，国家管辖范围以外的海床和洋底及其底土以及该区域的资源为人类的共同继承财产，其勘探与开发应为全人类的利益而进行。国际海底管理局代表全人类行事。本规章的目的是规定多金属结核的探矿和勘探活动。

第一部分
导言

第 1 条
用语和范围

1. 《公约》所用用语在本规章内涵义相同。

2. 《关于执行 1982 年 12 月 10 日〈联合国海洋法公约〉第十一部分的协定》（"协定"）规定，协定的条款及《公约》第十一部分应作为一个单一文书来解释和适用。本规章和本规章中提及《公约》的条款应相应地加以解释和适用。

3. 为本规章的目的：

（a）"开发"是指在"区域"内为商业目的回收多金属结核和从其中选取矿物，包括建造和操作供生产和销售矿物之用的采矿、加工和运输系统；

（b）"勘探"是指以专属权利在"区域"内探寻多金属结核矿床，分析这些矿床，使用和测试采集系统和设备、加工设施及运输系统，以及对开发时必须考虑的环境、技术、经济、商业和其他有关因素进行研究；

（c）"海洋环境"包括影响和决定海洋生态系统、海洋水域及这些水域的上空，以及海床和洋底及其底土的生产力、状态、状况和素质的物理、化学、地质和生物组成部分、条件和因素；

（d）"多金属结核"是指"区域"的一种资源，包括在深海床表层上或紧贴表层下含有锰、镍、钴和铜的任何结核矿床或积层；

（e）"探矿"是指在不享有任何专属权利的情况下，在"区域"内探寻多金属结核矿床，包括估计多金属结核矿床的成分、大小和分布情况及其经济价值；

(f) "对海洋环境造成严重损害"是指"区域"内活动造成的任何使海洋环境出现显著不良变化的影响,这种影响是按照管理局根据国际公认标准和惯例所控制的规则、规章和程序断定的。

4. 本规章不影响按照《公约》第八十七条进行科学研究的自由,或是按照《公约》第一四三条和第二五六条在"区域"内进行海洋科学研究的权利。本规章的任何条款不应理解为限制各国行使《公约》第八十七条所述的公海自由。

5. 本规章可以由其他的,特别是关于保护和保全海洋环境的规则、规章和程序补充。本规章应符合《公约》和协定的规定及与《公约》无抵触的其他国际法规则。

第二部分
探矿

第 2 条
探矿

1. 探矿应按照《公约》和本规章进行,并须经秘书长告知探矿者,其通知已按照第 4 条第 2 款记录在案后方可开始。

2. 探矿者和管理局应采用《关于环境与发展的里约宣言》原则 15 所反映的预防性办法。[3] 实质证据显示可能对海洋环境造成严重损害时,不得进行探矿。

3. 不得在一项核准的多金属结核勘探工作计划所包括的区域或在保留区内进行探矿;亦不得在理事会因有对海洋环境造成严重损害的危险而不核准开发的区域内进行探矿。

4. 探矿不应使探矿者取得对资源的任何权利。但是,探矿者可回收试验所需的合理数量的矿物,但不得用于商业用途。

5. 探矿应没有时限,但是探矿者如收到秘书长的书面通知,表示已就某一特定区域核准勘探工作计划,则应停止在该区域的探矿活动。

6. 一个以上的探矿者可在同一个或几个区域内同时进行探矿。

第 3 条
探矿通知

1. 申请探矿者应将其进行探矿的意向通知管理局。

2. 每份探矿通知应以本规章附件一规定的格式提交秘书长,并应符合本规章的要求。

3. 每份通知的提交方式如下:

---

[3] 《联合国环境与发展会议的报告,1992 年 6 月 3 日至 14 日,里约热内卢》(联合国出版物,出售品编号:C.93.I.8 和更正),第一卷,《环发会议通过的决议》,决议 1,附件一。

(a) 国家的通知, 由它为此目的指定的机构提交;

(b) 实体的通知, 由其指定代表提交;

(c) 企业部的通知, 由其主管机构提交。

4. 每份通知应以管理局的一种语文提出, 并应载有:

(a) 申请探矿者及其指定代表的名称、国籍和地址;

(b) 符合管理局采用的最新公认国际标准, 关于准备进行探矿的一个或多个大面积区域的坐标;

(c) 对探矿方案的一般说明, 包括拟议的开始日期和估计所需时间;

(d) 令人满意的书面承诺, 表示申请探矿者将:

(一) 遵守《公约》和管理局有关下列事项的规则、规章和程序:

    a. 合作进行《公约》第一四三条和第一四四条所述的海洋科学研究和技术转让方面的训练方案; 以及

    b. 保护和保全海洋环境;

(二) 接受管理局对遵守承诺情况的查核; 并

(三) 在实际可行的情况下, 尽量向管理局提供保护和保全海洋环境的相关数据。

第 4 条
对通知的考虑

1. 秘书长应书面确认收到根据第 3 条提交的每份通知, 并注明收件日期。

2. 秘书长应在收到通知后 45 天内对通知进行审查并采取行动。如果通知符合《公约》和本规章的要求, 秘书长应将通知的细节记入为此目的置备的登记册, 并书面告知探矿者, 通知已记录在案。

3. 秘书长应在收到通知后 45 天内书面告知申请探矿者, 如果其通知包括某一已核准的勘探或开发任一资源的工作计划所包括区域的任何部分, 或某一保留区的任何部分, 或理事会因有对海洋环境造成严重损害的危险而不核准开发的区域的任何部分, 或者书面承诺不能令人满意, 并应书面向申请探矿者说明理由。在这种情况下, 申请探矿者可以在 90 天内提交修正的通知。秘书长应在 45 天内对修正的通知进行审查并采取行动。

4. 通知内的任何资料有变, 探矿者应书面通知秘书长。

5. 秘书长不应披露通知中的任何细节, 除非探矿者书面表示同意。但秘书长应不时将探矿者的身份和正在进行探矿的大概区域位置告知管理局所有成员。

第 5 条
在探矿过程中保护和保全海洋环境

1.　各探矿者应采用预防性办法和最佳环境做法,在合理的可能范围内采取必要措施,防止、减少和控制探矿活动对海洋环境的污染及其他危害。各探矿者尤应尽量减少或消除:

　　(a) 探矿活动对环境的不良影响;以及

　　(b) 对正在进行或计划进行的海洋科学研究活动造成的实际或潜在冲突或干扰,并在这方面依照今后的相关准则行事。

2.　探矿者应同管理局合作,制订并实施方案,监测和评价多金属结核的勘探和开发可能对海洋环境造成的影响。

3.　探矿活动引发的任何事故如已经、正在或可能对海洋环境造成严重损害,探矿者应采用最有效的手段,立即以书面形式通知秘书长。接到这一通知后,秘书长即应依照第 35 条的规定行事。

第 6 条
年度报告

1.　探矿者应在每一日历年结束后 90 天内,向管理局提出有关探矿情况的报告。秘书长应将报告提交法律和技术委员会。每份报告应载列:

　　(a) 关于探矿情况和所获得结果的一般性说明;

　　(b) 关于第 3 条第 4 款(d)项所述承诺遵守情况的资料;以及

　　(c) 关于这方面相关准则的遵守情况的资料。

2.　如果探矿者打算把探矿所涉费用申报为开始商业生产前的部分开发成本,探矿者应就探矿者在进行探矿期间所支付的实际和直接费用提交符合国际公认会计原则并由合格的公共会计师事务所核证的年度报表。

第 7 条
年度报告内的探矿数据和资料的机密性

1.　秘书长应比照适用第 36 条和第 37 条的规定,确保根据第 6 条所提交报告内的所有数据和资料的机密性,但有关海洋环境保护和保全的数据和资料,特别是源自环境监测方案的数据和资料,不应被视为机密资料。探矿者可要求有关数据自提交之日起最多三年内不予披露。

2.　秘书长可以在有关的探矿者同意下,随时公布某一已提交通知的区域的探矿数据和资料。如果秘书长经过至少两年的合理努力后断定探矿者不复存在或下落不明,秘书长可公布这种数据和资料。

第 8 条
考古或历史文物

在"区域"内发现任何实际或可能的考古或历史文物，探矿者应立即将此事及发现的地点以书面方式通知秘书长。秘书长应将这些资料转交联合国教育、科学及文化组织总干事。

第三部分
请求核准合同形式的勘探工作计划的申请

第 1 节
一般规定

第 9 条
通则

在符合《公约》各项规定的情况下，下列各方可向管理局申请核准勘探工作计划：

(a) 企业部以自己的名义，或作为一项联合安排的参与方；

(b) 缔约国、国营企业，或具有缔约国国籍或在这些国家或其国民有效控制下并由这些国家担保的自然人或法人，或符合本规章规定的上述各方的任何组合。

第 2 节
申请书的内容

第 10 条
申请书的格式

1. 每一份请求核准勘探工作计划的申请书，应以本规章附件二规定的格式提交秘书长，并应符合本规章的要求。

2. 每一份申请书的提交方式如下：

(a) 缔约国的申请书，由其为此目的指定的机构提交；

(b) 实体的申请书，由其指定代表或担保国为此目的指定的机构提交；

(c) 企业部的申请书，由其主管机构提交。

3. 国营企业或第 9 条(b)项所述实体的每一份申请书还应包括：

(a) 足以确定申请者国籍，或有效控制申请者的国家或其国民的身份的资料；

(b) 申请者的主要营业地点或住所和在适当时其注册地点。

4. 由实体组成的合伙企业或联营企业所提交的每一份申请书应载有所需的关于每一个合伙者或联营者的资料。

第 11 条
担保书

1. 国营企业或第 9 条(b)项所述实体的每一份申请书，应附有申请者为其国民或受该国或该国国民有效控制的国家开具的担保书。如果申请者具有一个以上国籍，例如由多个国家的实体组成的合伙企业或联营企业，则所涉每一国家均应出具担保书。

2. 如果申请者具有一国国籍，但受另一国或其国民的有效控制，则所涉每一国家均应出具担保书。

3. 每一份担保书应以提交该担保书的国家名义正式签署，并应载有：

(a) 申请者名称；

(b) 担保国国名；

(c) 一份陈述，声明申请者：

㈠ 是担保国国民；或

㈡ 受担保国或其国民的有效控制；

(d) 担保国的陈述，表示该国担保该申请者；

(e) 担保国交存《公约》批准书、加入书或继承书的日期；

(f) 担保国按照《公约》第一三九条、第一五三条第 4 款和附件三第四条第 4 款承担责任的声明。

4. 与企业部订立联合安排的国家或实体也应遵守本条的规定。

第 12 条
财政和技术能力

1. 每一份请求核准勘探工作计划的申请书，应载有足够的具体资料，使理事会能够确定申请者是否有财政和技术能力执行提议的勘探工作计划和履行其对管理局的财政义务。

2. 对于以决议二第 1(a)(2)或(3)段所述并且在《公约》生效前已在"区域"内进行大量活动的国家或实体或此种实体的任何组成部分(但非已登记的先驱投资者)的名义，或以其利益继承者的名义提出的请求核准勘探工作计划的申请书，如果担保国证明，申请者至少已将相当于 3 000 万美元的数额用于研究和勘探活动，并且至少已将该数额的 10%用于定位、勘查和评价勘探工作计划所指的区域，即应视为已符合核准勘探工作计划所需具备的财政和技术条件。

3. 企业部提出的请求核准勘探工作计划的申请书应附有其主管机构的声明，证明企业部拥有所需财政资源承付提议的勘探工作计划的估计费用。

13-40402 (C)

4.　除已登记的先驱投资者或决议二第1(a)(2)或(3)段所述的实体外,国家或国营企业提出的请求核准勘探工作计划的申请书应附有该国或担保国的声明,证明申请者拥有所需的财政资源承付提议的勘探工作计划的估计费用。

5.　除已登记的先驱投资者或决议二第1(a)(2)或(3)段所述的实体外,实体提出的请求核准勘探工作计划的申请书应附有其最近三年符合国际公认会计原则并由合格的公共会计师事务所核证的经审计财务报表,包括资产负债表和损益表的副本;

6.　如果申请者是新组成的实体,尚未有经核证的资产负债表,则申请书中应有经申请者的适当职务人员认证的预计资产负债表;

7.　如果申请者是另一个实体的子公司,则申请书中应有该实体符合国际公认会计原则并由合格的公共会计师事务所核证的上述财务报表副本,以及该实体证明申请者将有执行勘探工作计划的财政资源的声明;

8.　如果申请者受一个国家或国营企业控制,则申请书中应有该国或国营企业证明申请者将有执行勘探工作计划的财政资源的声明。

9.　如果争取勘探工作计划获得核准的申请者打算以贷款筹措提议的勘探工作计划的经费,其申请书应写明贷款额、偿还期和利率。

10.　除第2款所规定的情况外,所有申请书应附有:

　　(a)　关于申请者与提议的勘探工作计划相关的先前经验、知识、技能、技术资格和专长的一般说明;

　　(b)　关于预期用来执行提议的勘探工作计划的设备和方法的一般说明,以及关于这些技术的特点的其他非专有性相关资料;以及

　　(c)　关于申请者处理对海洋环境造成严重损害的事件或活动的财政和技术能力的一般说明。

11.　如果申请者是联合安排中由实体组成的合伙企业或联营企业,则每个合伙者或联营者均应提供本条所要求的资料。

第13条
以前同管理局订立的合同

　　如果申请者,或在申请是联合安排中由实体组成的合伙企业或联营企业提出时,任何合伙者或联营者以前曾同管理局订立任何合同,则申请书应包括:

　　(a)　以前订立合同的日期;

　　(b)　就有关合同向管理局提交的每一份报告的日期、编号和标题;以及

　　(c)　已终止合同的合同终止日期。

第 14 条
承诺

作为请求核准勘探工作计划的申请书的一部分，每个申请者，包括企业部在内，应向管理局作出下列书面承诺：

(a) 同意因《公约》的规定，管理局的规则、规章和程序，管理局各有关机关的决定及申请者同管理局所订合同的条款而产生的适用义务是可执行的，并将予以履行；

(b) 接受管理局根据《公约》授权对"区域"内的活动进行控制；并

(c) 向管理局提出书面保证，表示将诚意履行合同规定的义务。

第 15 条
申请的总区域

每一份请求核准勘探工作计划的申请书应以符合管理局采用的最新公认国际标准的坐标表界定所申请区域的界限。除了第 17 条下的申请外，申请应包括一个总区域，它不必是一个单一连续的区域，但应足够大，并有足够的估计商业价值，可供从事两起采矿作业。申请者应列明坐标，将该区域分为估计商业价值相等的两个部分。分配给申请者的区域应受第 25 条各项规定的限制。

第 16 条
在指定保留区以前应提交的数据和资料

1. 每一份申请书应载有本规章附件二第二节所规定的关于申请所涉区域的足够数据和资料，使理事会能根据法律和技术委员会的建议，基于每一部分的估计商业价值指定一个保留区。这些数据和资料应包括申请者可以得到的关于申请所涉区域两个部分的数据，包括用以确定其商业价值的数据。

2. 理事会根据申请者按照本规章附件二第二节的规定所提交，经断定为令人满意的数据和资料，并考虑到法律和技术委员会的建议，应指定申请区域中将来作为保留区的那一部分。一旦非保留区的勘探工作计划获得核准并签订合同，该指定区域即成为保留区。理事会如果断定需要其他符合本规章和附件二的资料来指定保留区，则应将此事退回委员会作进一步审议，并说明所需的进一步资料。

3. 在核准勘探工作计划并发给合同后，管理局可按照《公约》附件三第十四条第 3 款的规定，公布申请者就保留区移交管理局的数据和资料。

第 17 条
请求核准保留区工作计划的申请

1.　任何发展中国家，或该国所担保并受该国或任何其他发展中国家有效控制的任何自然人或法人，或上述各方的任何组合，可通知管理局它希望就某一保留区提出勘探工作计划。秘书长应将该通知转交企业部，企业部应在六个月内书面通知秘书长企业部是否打算在该区域进行活动。企业部如果打算在该区域进行活动，还应按照第 4 款书面通知原来在请求核准勘探工作计划的申请书中包括该区域的承包者。

2.　如果企业部决定无意在某一保留区进行活动，或者企业部在秘书长发出通知后六个月内既未决定是否打算在该区域进行活动，也未书面通知秘书长，说明企业部在正进行有关可能成立联合企业的谈判，即可随时提出请求核准关于该保留区的勘探工作计划的申请。就联合企业进行谈判时，自通知秘书长之日起企业部应有一年时间决定是否在该区域进行活动。

3.　如果企业部或某一发展中国家或第 1 款所述的一个实体，在企业部独立于管理局秘书处开始执行其职务后的 15 年内，或在将某一区域保留给管理局之日起的 15 年内（以较晚者为准），没有提交请求核准在该保留区进行活动的勘探工作计划的申请，则其请求核准勘探工作计划的申请书原来包括该区域的承包者应有权申请关于该区域的勘探工作计划，但须诚意提供机会让企业部参加为联合企业的合伙者。

4.　对于承包者的请求核准勘探工作计划的申请书所包括并经理事会指定为保留区的区域，承包者应有与企业部订立勘探该区域的联合企业安排的第一取舍权。

第 18 条
须为核准勘探工作计划提交的数据和资料

　　为了使合同形式的勘探工作计划获得核准，每一申请者应提交下列资料：

　　(a) 关于提议的勘探方案的一般说明和时间表，包括未来五年的活动方案，例如对勘探时必须考虑的环境、技术、经济和其他有关因素进行的研究；

　　(b) 关于按照本规章及管理局制定的任何环境方面的规则、规章和程序进行的海洋学和环境基线研究方案的说明，这些研究是为了能够参照法律和技术委员会所提任何建议，评估提议的勘探活动对环境的潜在影响，包括但不限于对生物多样性的影响；

　　(c) 关于提议的勘探活动可能对海洋环境造成的影响的初步评估；

　　(d) 关于为防止、减少和控制对海洋环境的污染和其他危害以及可能造成的影响而提议的措施的说明；

(e) 理事会根据第 12 条第 1 款作出决定所需的数据；以及

(f) 未来五年活动方案的预期年度支出表。

第 3 节
收费

第 19 条
申请费

1. 请求核准多金属结核勘探工作计划的申请的处理费应为 50 万美元或等值可自由兑换货币的固定规费，在提交申请书时全额缴付。

2. 如果管理局处理申请书的行政费用低于上文第 1 款所述固定规费，管理局应将余额退还申请者。如果管理局处理申请书的行政费用高于上文第 1 款所述固定规费，申请者应将差额付给管理局，但申请者缴付的额外规费不应超过第 1 款所述固定规费的 10%。

3. 考虑到财务委员会为此制定的标准，秘书长应确定上文第 2 款所述差额，并将此数额通知申请者。通知中应说明管理局的支出。在下文第 23 条所述合同签署后三个月内申请者应支付或管理局应退还所欠数额。

4. 理事会应定期审查上文第 1 款所述固定规费，以确保该数额足以支付处理申请书的预期行政费用，并避免申请者必须按照上文第 2 款支付额外规费。

第 4 节
申请书的处理

第 20 条
申请书的收受、确认和妥善保管

1. 秘书长应：

(a) 在 30 天内书面确认收到根据本部分提交的每一份请求核准勘探工作计划的申请书，并注明收件日期；

(b) 妥善保管申请书及其附文和附件，并确保申请书所载全部机密数据和资料的机密性；并

(c) 通知管理局成员收到申请书，并向他们分发关于这项申请的一般性非机密资料。

第 21 条
法律和技术委员会的审议

1. 秘书长在收到请求核准勘探工作计划的申请书后，即应通知法律和技术委员会成员并将该申请书的审议作为一个项目列入委员会下一次会议议程。委员会应

仅审议秘书长根据第 22 条(c)项的规定在委员会开会审议申请书至少 30 天前已就其发出通知和资料的申请书。

2. 委员会应按收件的先后次序审查申请书。

3. 委员会应确定申请者是否：

(a) 遵守了本规章的规定；

(b) 作出了第 15 条所规定的承诺和保证；

(c) 具备执行提议的勘探工作计划的财务和技术能力，并提供了详细资料说明其迅速执行紧急命令的能力；并

(d) 已令人满意地履行了以前同管理局订立的任何合同的有关义务。

4. 委员会应根据本规章及其程序所列的要求，确定提议的勘探工作计划是否将：

(a) 有效地保护人体健康和安全；

(b) 有效地保护和保全海洋环境，包括但不限于对生物多样性的影响；

(c) 确保设施不坐落在可能干扰国际航行必经的公认航道的地点或坐落在捕鱼活动集中的区域。

5. 如果委员会根据第 3 款作出确定，并确定提议的勘探工作计划符合第 4 款的要求，委员会应建议理事会核准勘探工作计划。

6. 如果提议的勘探工作计划所涉区域的一部分或全部有下列情况，委员会不应建议核准该勘探工作计划：

(a) 包括在一项理事会已核准的多金属结核勘探工作计划内；或

(b) 包括在一项理事会已核准的其他资源勘探或开发工作计划内，如果提议的多金属结核勘探工作计划可能不当地干扰根据该项已核准的其他资源工作计划所进行的活动；或

(c) 位于理事会因有实质证据显示存在对海洋环境造成严重损害的危险而不核准开发的一个区域内；或

(d) 提出或担保提议的勘探工作计划的国家已经拥有：

(一) 在非保留区进行勘探和开发或仅进行开发的工作计划，而且这些区域连同所申请的区域两部分中任何一部分，面积超过在提议的工作计划所包括的区域两个部分中任何一部分的中心周围 40 万平方公里圆形面积的 30%；

(二) 在非保留区进行勘探和开发或仅进行开发的工作计划，而且这些区域合并计算占"区域"内按照《公约》第一六二条第 2 款(X)项未予保留供开发用或不许可开发的部分的 2%。

7. **如果法律和技术委员会确定核可某一工作计划不会导致某个缔约国或该缔约国担保的实体垄断"区域"内有关多金属结核的活动，也不会阻止其他缔约国在"区域"内开展有关多金属结核的活动，则委员会可建议核可该工作计划。**[4]

8. 除企业部为其本身或某一联合企业提出的申请，及根据第 17 条提出的申请外，如果提议的勘探工作计划所包含区域的一部分或全部位于一个保留区或位于理事会指定为保留区的区域以内，则委员会不得建议核准该勘探工作计划。

9. 如果委员会认为申请书不符合本规章规定，应通过秘书长书面通知申请者并说明其理由。申请者可以在这种通知发出后 45 天内修正其申请书。如果委员会在进一步审议后仍认为不应建议核准勘探工作计划，应将此意见通知申请者，并给予申请者另一次机会，在通知后 30 天内提出其意见。委员会在拟定提交理事会的报告和建议时应考虑申请者所提意见。

10. 委员会在审议提议的勘探工作计划时，应考虑到《公约》第十一部分和附件三以及《协定》所规定的有关"区域"内活动的原则、政策和目标。

11. 委员会应从速审议申请书，并应考虑到管理局会议的时间表，利用第一个可能的机会向理事会提交关于区域的指定和勘探工作计划的报告和建议。

12. 委员会在履行职责时，应无歧视地划一适用本规章及管理局的条例、规章和程序。

第 22 条
理事会对勘探工作计划的审议和核准

理事会应按照《协定》附件第 3 节第 11 和第 12 段的规定审议委员会关于核准勘探工作计划的报告和建议。

---

[4] ISBA/20/A/9, 2014 年 7 月 14 日至 24 日，修订。

第四部分
勘探合同
第 23 条
合同

1.　一项勘探工作计划经理事会核准后，应按本规章附件三规定写成管理局与申请者之间的合同。每一项合同都应包括附件四中所列，在合同生效之日具有效力的标准条款。

2.　合同应由秘书长代表管理局与申请者签署。秘书长应将每一项合同的缔结书面通知管理局所有成员。

3.　按照无歧视原则，同协定附件第 1 节第 6(a)(一)段所述的国家或实体或此种实体的任何组成部分订立的合同所包括的各种安排应类似于而且条件不差于同任何已登记的先驱投资者商定的安排。如果给予协定附件第 1 节第 6(a)(一)段中所述的国家、实体或此种实体的任何组成部分较有利的安排，理事会应对已登记的先驱投资者所承担的权利和义务作出类似和一样有利的安排，但这些安排须不影响或损害管理局的利益。

第 24 条
承包者的权利

1.　承包者对一项多金属结核勘探工作计划所涉区域享有专属勘探权。管理局应确保其他实体在同一区域就其他资源进行作业的方式不致干扰承包者的作业。

2.　持有一项已核准的勘探工作计划的承包者，只应在那些就同一区域和资源提出开发工作计划的各申请者中享有优惠和优先。在理事会对承包者发出书面通知，指出承包者未遵循经核准的勘探工作计划的具体要求后，如果承包者未能在通知规定的时限内依照要求行事，理事会可撤消这种优惠或优先。通知内规定的时限应当为合理的时限。在最后决定撤消这种优惠或优先以前，承包者应有合理机会提出意见。理事会应说明建议撤消优惠或优先的理由，并应考虑承包者的回应。理事会的决定应考虑承包者的回应并应以实质证据为基础。

3.　撤消优惠或优先的决定正式生效以前，承包者应有合理机会用尽《公约》第十一部分第五节所规定的司法救济。

第 25 条
区域面积和放弃

1.　根据合同分配给承包者的区域总面积不应超过 15 万平方公里。承包者应按下列时间表，放弃所获分配区域的若干部分，将其恢复为"区域"。在合同签订之日起第三年结束前，承包者应已放弃所获分配区域的 20%；在合同签订之日起第五年结束前，承包者应已继续放弃所获分配区域的 10%；在合同签订之日起八年之后，承包者应已继续放弃所获分配区域的 20%或超出管理局决定开发的区域的更大面积，但如果分配给承包者的区域总面积不超过 75 000 平方公里，则承包者无需放弃此区域的任何部分。

2.　理事会经承包者请求，可根据委员会的建议，在特殊情况下，将放弃时间表延迟。这种特殊情况应由理事会断定，除其他外，包括考虑当时的经济情况或在承包者的作业活动中出现的其他突发特殊情况。

第 26 条
合同期限

1.　核准的勘探工作计划的期限应为 15 年。勘探工作计划期满时，承包者应申请开发工作计划，除非承包者已经提出申请，或已获准延长勘探工作计划，或决定放弃其在勘探工作计划所涉区域的权利。

2.　在勘探工作计划期限届满前六个月，承包者可申请延长勘探工作计划，每次延长期限不得超过五年。如果承包者已作出真诚努力遵守工作计划的各项要求，但由于承包者无法控制的原因而不能完成进入开发阶段的必要准备工作，或者在当时的经济环境下没有理由进入开发阶段，则理事会应根据委员会建议核准这种延长。

第 27 条
训练

　　《公约》附件三第十五条规定，每一项合同都应以附件方式载有承包者与管理局和担保国合作拟订的训练管理局和发展中国家人员的实际方案。训练方案应着重有关进行勘探的训练，由上述人员充分参与合同包括的所有活动。这些训练方案可不时根据需要通过双方协议予以修改和制订。

第 28 条
对勘探工作计划执行情况的定期审查

1.　承包者和秘书长应每隔五年共同对勘探工作计划的执行情况进行定期审查。秘书长可请求承包者提交审查可能需要的进一步数据和资料。

2.　承包者应根据审查结果说明其下一个五年期的活动方案，对其上一个活动方案作出必要的调整。

3.　秘书长应向委员会和理事会报告审查结果。秘书长应在报告中说明，审查是否考虑到《公约》缔约国就承包者履行本规章在保护和保全海洋环境方面对其规定的义务的方式向他转递的任何意见。

第 29 条
担保的终止

1. 每一承包者在整个合同期间应有规定的担保。

2. 如果一个国家终止其担保，应立即书面通知秘书长。担保国也应将终止担保的理由告知秘书长。担保的终止应在秘书长收到通知之日起六个月后生效，除非通知中规定一个较后的日期。

3. 如果担保终止，承包者应在第 2 款所述期间内找到另一担保国。该另一担保国应按照第 11 条提交担保书。如果未能在规定期间内找到担保国，合同应予终止。

4. 担保国在作为担保国期间承担的任何义务，不因担保终止而免除，担保终止也不应影响在担保期间产生的任何法律权利和义务。

5. 秘书长应将担保的终止或改变通知管理局成员。

第 30 条
责任

承包者和管理局应按照《公约》承担责任。在勘探阶段结束后，承包者应继续对其在作业过程中的不当行为所造成的任何损害，特别是对海洋环境造成的损害承担责任。

第五部分
保护和保全海洋环境

第 31 条
保护和保全海洋环境

1. 管理局应依照《公约》和协定制定并定期审查环境规则、规章和程序，以确保有效保护海洋环境，使其免受"区域"内活动可能造成的有害影响。

2. 为了确保有效保护海洋环境，使其免受"区域"内活动可能造成的有害影响，管理局和担保国对这种活动应采取《里约宣言》原则 15 所阐述的预防性办法和最佳环境做法。

3. 法律和技术委员会应就上文第 1 和第 2 款的执行向理事会提出建议。

4. 委员会应制订并执行有关程序，以便根据现有最佳科学和技术信息，包括依照第 20 条规定提供的信息，确定"区域"内的拟议勘探活动是否会对脆弱的海洋生态系统造成严重的有害影响，并确保，如果确定某些拟议的勘探活动会对脆弱海洋生态系统造成严重有害影响，则对这些活动加以管理以防出现此类影响或不核准从事这些活动。

5.　根据《公约》第一四五条和本条第 2 款，每一承包者应采用预防性做法和最佳环境做法，尽量在合理的可能范围内采取必要措施防止、减少和控制其"区域"内活动对海洋环境造成的污染和其他危害。

6.　承包者、担保国和其他有关国家或实体应同管理局合作，制定并实施监测和评价深海底采矿对海洋环境的影响的方案。如理事会提出要求，此种方案应包括划出区域专门用作影响参照区和保全参照区的提议。"影响参照区"是指反映"区域"环境特性，用于评估"区域"内活动对海洋环境的影响的区域。"保全参照区"是指不应进行采矿以确保海底的生物群具有代表性和保持稳定，以便评估海洋环境生物多样性的任何变化的区域。

第 32 条
环境基线和监测

1.　每一项合同应要求承包者参照法律和技术委员会根据第 41 条提出的建议，收集环境基线数据并确定环境基线，供对比评估其勘探工作计划所列的活动方案可能对海洋环境造成的影响，并要求承包者制订监测和报告这些影响的方案。委员会所提的建议除其他外，可列出据认为不具有对海洋环境造成有害影响的潜在可能的勘探活动。承包者应与管理局和担保国合作制定并执行这种监测方案。

2.　承包者应参照委员会根据第 39 条提出的建议，每年以书面方式向秘书长报告第 1 款所述监测方案的执行情况和结果，并提交数据和资料。秘书长应将上述报告转交委员会按照《公约》第一六五条加以审议。

第 33 条
紧急命令

1.　承包者应以最有效的手段，迅速向秘书长书面报告活动引发的任何已经、正在或可能对海洋环境造成严重损害的事故。

2.　如果秘书长接到承包者通知，或从其他来源获悉，承包者在"区域"内的活动引起或造成事故，已经对、正在或可能对海洋环境造成严重损害，秘书长应指示发出有关该事故的一般性通知，应书面通知承包者和担保国，并应立即向法律和技术委员会、理事会及管理局所有其他成员提出报告。报告应分送主管国际组织以及各有关次区域、区域及全球性组织和机构。秘书长应监测所有这种事故的发展情况，并酌情向委员会、理事会及管理局所有其他成员提出有关报告。

3.　在理事会未采取任何行动之前，秘书长应立即采取一切合乎情况需要的实际而合理的临时措施，以防止、控制和减轻对海洋环境的严重损害或可能的严重损害。上述临时措施应持续有效，但不超过 90 天，或者直到理事会在其下届常会或特别会议上根据本条第 6 款决定是否采取任何措施。

4.　委员会在接到秘书长的报告后，应根据所收到的证据，并考虑到承包者已采取的措施，确定需要采取什么措施来有效地应对事故，以防止、控制和减轻对海洋环境的严重损害或可能的严重损害，并应向理事会提出其建议。

5.　理事会应审议委员会的建议。

6.　理事会考虑到委员会的建议、秘书长的报告、承包者提交的任何资料及任何其他相关资料，可发布紧急命令，其中可包括暂停或调整作业的必要合理命令，以防止、控制和减轻"区域"内活动对海洋环境的严重损害或可能的严重损害。

7.　如果承包者不迅速遵从紧急命令，以防止、控制和减轻其"区域"内活动对海洋环境造成的严重损害或可能的严重损害，理事会应自行采取或同他方作出安排代表它采取必要的实际措施，以防止、控制和减轻这种对海洋环境的严重损害或可能的严重损害。

8.　为了使理事会可以在必要时立即采取第 7 款所述的实际措施，防止、控制或减轻对海洋环境的严重损害或可能的严重损害，承包者在开始测试采集系统和进行加工作业以前，须向理事会保证承包者具有财政和技术能力，可迅速遵从紧急命令，或确保理事会可以采取这种紧急措施。如果承包者不向理事会提供上述保证，担保国应在秘书长提出请求后，根据《公约》第一三九条和第二三五条采取必要措施，确保承包者提供上述保证，或应采取措施确保向管理局提供协助，以便管理局执行第 7 款规定的职责。

第 34 条
沿海国的权利

1.　本规章不影响沿海国根据《公约》第一四二条和其他有关条款所享有的权利。

2.　任何沿海国如有理由认为承包者的任何"区域"内活动有可能对其管辖范围内或主权范围内的海洋环境造成严重损害或可能的严重损害，可书面通知秘书长，说明其看法依据的理由。秘书长应向承包者及其担保国提供合理的机会，审查沿海国作为其看法的根据而提出的任何证据。承包者及其担保国可在合理时间内向秘书长提出其对此的意见。

3.　如果有明确理由相信可能对海洋环境造成严重损害，秘书长应依照第 33 条行事，或在必要时根据第 33 条第 3 款立即采取临时措施。

4. 承包者应采取一切必要措施,确保其进行的活动不会对沿海国管辖范围内或主权范围内的海洋环境造成严重损害,包括但不限于污染,并确保其勘探区内的事故或活动所引起的此类严重损害或污染不扩散至该区域之外。

第 35 条
具有考古或历史意义的遗骸、文物和遗址

在勘探区内发现任何具有考古或历史意义的遗骸或任何类似性质的文物或遗址时,承包者应立即将此事及发现的地点以书面方式通知秘书长,包括报告已采取的保全和保护措施。秘书长应立即将这些资料转交联合国教育、科学及文化组织总干事以及任何其他主管国际组织。在勘探区发现这种遗骸、文物或遗址后,为了避免扰动此类遗骸、文物或遗址,在理事会考虑到联合国教育、科学及文化组织总干事或任何其他主管国际组织的意见后另有决定之前,不得在一个合理范围内继续进行探矿或勘探。

第六部分
机密性

第 36 条
数据和资料的机密性

1. 按照本规章或按照根据本规章发给的合同提交或转交管理局或任何参与管理局的任何活动或方案的人的数据和资料,经承包者与秘书长协商指明属机密性质的,应视为机密,但下述数据和资料不在此列:

(a) 众所周知或可从其他来源公开获取的;

(b) 所有人以前曾向对其不负保密义务的其他人提供的;或

(c) 管理局已掌握但无对其保密义务的。

2. 管理局为制订关于保护和保全海洋环境及安全的规则、规章和程序而需要的数据和资料,除专有性设备设计数据外,不应视为具有机密性。

3. 唯有秘书长和经秘书长授权的秘书处工作人员,以及法律和技术委员会成员,可在有效行使权力和履行职能所必要和相关时利用机密数据和资料。秘书长批准取用这种机密数据和资料,仅限于为履行秘书处工作人员的职能和职责及法律和技术委员会的职能和职责有限度地使用这些数据和资料。

4. 在机密数据和资料提交管理局之日起十年后或于勘探合同期满之后,以较晚发生者为准,以及此后每隔五年,秘书长和承包者应审查这些数据和资料,以确定是否应保持其机密性。如果承包者确认公开数据和资料很可能造成重大和不公平的经济损害,则应继续保持这些数据和资料的机密性。在承包者有合理机会用尽根据《公约》第十一部分第五节可以使用的所有司法救济之前，任何此种数据和资料均不得公开。

5. 在勘探合同期满后的任何时候，如果承包者就勘探区域的任何部分订立开发合同，则与该部分地区有关的机密数据和资料应依照开发合同继续保密。

6. 承包者可随时放弃数据和资料的机密性。

第 37 条
确保机密性的程序

1. 秘书长应负责保持所有机密数据和资料的机密性，除事先征得承包者的书面同意外，不应向管理局外部任何人公布这些数据和资料。为确保这些数据和资料的机密性，秘书长应按照《公约》的规定制订程序，规范秘书处成员、法律和技术委员会成员以及参与管理局任何活动或方案的任何其他人对机密资料的处理。这种程序应包括：

    (a) 在安全的设施内保存机密数据和资料，并制订安全程序，防止未经许可使用或取走这些数据和资料；

    (b) 建立和维持一个分类、记录和编目系统，记录所收到的所有书面数据和资料，包括其类型和来源以及从收到直至最终处置的收发历程。

2. 根据本规章有权取用机密数据和资料的人，除《公约》和本规章准许的情况外，不得泄露这些数据和资料。秘书长应规定经授权可取用机密数据和资料的人需在秘书长或其指定代表见证下作出书面声明，表示获授权的人：

    (a) 确认其根据《公约》和本规章，承担不泄露机密数据和资料的法律义务；

    (b) 同意遵守为确保这些数据和资料的机密性而制定的适用规章和程序。

3. 法律和技术委员会应保护按照本规章或根据本规章发给的合同提交给它的数据和资料的机密性。《公约》第一六三条第 8 款规定，该委员会成员不应泄露工业秘密、按照《公约》附件三第十四条转交管理局的专有性数据，或因其在管理局任职而知悉的任何其他机密资料，即使在职务终止以后，也是如此。

4. 秘书长和管理局工作人员不应泄露任何工业秘密、按照《公约》附件三第十四条转交管理局的专有性数据，或因其在管理局所任职务而知悉的任何其他机密资料，即使在职务终止以后，也是如此。

5. 考虑到管理局根据《公约》附件三第二十二条所承担的责任，管理局可对任何因其在管理局所任职务而可接触任何机密数据和资料，但违反《公约》和本规章所规定保密义务的人采取适当的行动。

第七部分
一般程序

第 38 条
通知和一般程序

1. 与本规章有关的任何申请书、请求、通知、报告、同意书、批准书、放弃权利声明、指令或指示，应按情况由秘书长或由探矿者、申请者或承包者的指定代表以书面作出。应以专人手递、电报、传真、挂号航空邮件或带有经授权的电子签字的电子邮件送达管理局总部交秘书长或送达指定代表。

2. 专人手递的，于送达时生效。以电报传送的，于发送者电报机显示"回答"之日的下一个办公日视为生效。以传真传送的，于传真机收到"发送证实报告"证实已向收件者的公开传真号码发送传真时生效。以挂号航空信件发出的，于寄出 21 天之后视为生效。电子邮件，在其进入收件人为接收所发此类文件而指定或使用的信息系统，并可以由收件人取用和处理时，视为被收件人收到。

3. 就本规章的所有目的而言，向探矿者、申请者或承包者指定的代表发出的通知，构成为给探矿者、申请者或承包者的有效通知，而且在任何具有管辖权的法院或法庭的诉讼程序中，被指定的代表为探矿者、申请者或承包者接受司法文书或通知的代理人。

4. 就本规章的所有目的而言，发给秘书长的通知构成给管理局的有效通知，而且在任何具有管辖权的法院和法庭的诉讼程序中，秘书长为管理局接受司法文书或通知的代理人。

第 39 条
指导承包者的建议

1. 法律和技术委员会可以不时作出技术性或行政性建议指导承包者，协助承包者执行管理局的规则、规章和程序。

2. 上述建议全部内容应报告理事会。理事会认为某一建议不符本规章的用意和宗旨时，可要求修改或撤回建议。

第八部分
解决争端

第 40 条
争端

1. 关于本规章的解释或适用的争端应按照《公约》第十一部分第五节的规定解决。

2.   根据《公约》具有管辖权的法院或法庭就管理局和承包者的权利和义务作出的任何终局裁决，在《公约》每一缔约国境内均可执行。

第九部分
多金属结核以外的其他资源

第 41 条
多金属结核以外的其他资源

如果探矿者或承包者在"区域"内发现多金属结核以外的其他资源，这些资源的探矿、勘探和开发应按照管理局根据《公约》和《协定》就这些资源制定的规则、规章和程序进行。探矿者或承包者应将其发现通知管理局。

第十部分
审查

第 42 条
审查

1.   大会核准本订正规章五年之后，或其后任何时间，理事会应对本规章的实际运作情况进行审查。

2.   如果在知识增加或技术改进的情况下，本规章显然不敷使用，则任何缔约国、法律和技术委员会或任何承包者通过其担保国随时可要求理事会考虑在理事会下届常会上修订本规章。

3.   理事会可根据审查结果，考虑到法律和技术委员会或其他有关附属机构的建议，在大会予以核准前，通过并临时适用对本规章条款的修正。任何修正均不得影响任何承包者按照本规章签订、修正时有效的合同条款所享受的权利。

4.   如果对本规章任何条款做出修正，承包者和管理局可按照附件四第 24 节修订合同。

附件二

从事探矿的意向通知

1. 探矿者名称：

2. 探矿者街道地址：

3. 邮政地址(如不同于上述地址)：

4. 电话号码：

5. 传真号码：

6. 电子邮件地址：

7. 探矿者国籍：

8. 如果探矿者是法人：

    (a) 写明探矿者的注册地点；

    (b) 写明探矿者的主要营业地点/住所；

    (c) 附上探矿者的注册证书副本。

9. 探矿者指定代表的名称：

10. 探矿者指定代表的街道地址(如不同于上述地址)：

11. 邮政地址(如不同于上述地址)：

12. 电话号码：

13. 传真号码：

14. 电子邮件地址：

15. 附上准备进行探矿的一个或多个大面积区域的坐标(以世界大地测量系统 WGS 84 为基准)。

16. 附上对探矿方案的一般说明，包括方案的开始日期和大致持续期间。

17. 附上探矿者对下列事项的书面承诺：

    (a) 遵守《公约》和管理局有关下列事项的规则、规章和程序：

    (一) 合作进行《公约》第一四三条和第一四四条所述的海洋科学研究和技术转让方面的训练方案；及

    (二) 保护和保全海洋环境；并

    (b) 接受管理局对遵守承诺情况的核查。

18. 在下面列出本通知的所有附录和附件(所有数据和资料应以硬拷贝和管理局指定的数字格式提交)。

日期：_____

_____
探矿者指定代表签名

证明：

_____
证明人签名

_____
证明人姓名

_____
证明人职衔

附件三

请求核准勘探工作计划以取得合同的申请书

第一节
申请者资料

1. 申请者名称：

2. 申请者街道地址：

3. 邮政地址（如不同于上述地址）：

4. 电话号码：

5. 传真号码：

6. 电子邮件地址：

7. 申请者指定代表的姓名：

8. 申请者指定代表的街道地址（如不同于上述地址）：

9. 邮政地址（如不同于上述地址）：

10. 电话号码：

11. 传真号码：

12. 电子邮件地址：

13. 如果申请者是法人：

    (a) 写明申请者的注册地点；

    (b) 写明申请者的主要营业地点/住所；

    (c) 附上申请者的注册证书副本。

14. 列出担保国。

15. 每一担保国须提供该国对 1982 年 12 月 10 日《联合国海洋法公约》的批准书、加入书或继承书的交存日期，及该国同意接受《关于执行〈公约〉第十一部分的协定》约束的日期。

16. 申请书须附有担保国开具的担保书。如果申请者具有一个以上国籍，例如由一个以上国家的实体组成的合伙企业或联营企业，则须附有所涉每一国家开具的担保书。

第二节
关于所申请区域的资料

17. 附上一份地理坐标表（以世界大地测量系统 WGS 84 为基准），划定所申请区域的界限。

13-40402 (C)

18. 附上一张海图(比例尺和投影法由管理局具体规定)和一份将总区域分成估计商业价值相等的两个部分的坐标表。

19. 以一个附件提供足够的资料,使理事会能根据所申请区域每一部分的估计商业价值指定一个保留区。附件中须包括申请者可以得到的关于所申请区域两个部分的数据,包括:

　　(a) 关于区域内多金属结核的定位、勘查和评价数据,包括:

　　㈠ 指定保留区所需的与多金属结核的回收和加工有关的技术说明;

　　㈡ 一份显示海底地形、水深、底流等物理和地质特征的图件和关于这些数据的可靠性的资料;

　　㈢ 以千克/平方米(kg/m2)为单位显示多金属结核平均密度(丰度)的数据和一张显示取样地点的相关丰度图;

　　㈣ 根据化学分析得到的以(干)重量百分率为单位显示各种有经济意义的金属平均元素含量(品位)的数据和一张相关品位图;

　　㈤ 多金属结核丰度和品位综合图;

　　㈥ 按照标准程序,包括统计分析法,用所提交的数据和以下假设作出的计算:以可开采区域内的可回收金属表示,可以预期两个区域所含的多金属结核具有相等的估计商业价值。

　　㈦ 关于申请者所用技术的说明。

　　(b) 关于环境参数(季节性的和试验期间的)的资料,除其他外,包括风速和风向、盐度、温度以及生物群落。

20. 如果所申请的区域包括一个保留区的任何部分,应附上一份显示构成保留区一部分的有关区域的坐标表,并说明申请者根据《规章》第17条具有的资格。

第三节
财政和技术资料 [a]

21. 附上足够的资料,使理事会能决定申请者是否有财政能力执行提议的勘探工作计划和履行其对管理局的财政义务:

　　(a) 如果企业部提出申请,应附上由其主管机构开具的证明,证明企业部具有所需财政资源承付提议的勘探工作计划的估计费用;

---

[a] 以决议二第 1(a)(2)或(3)段所述并且在公约生效前已在"区域"内进行大量活动的国家或实体或此种实体的任何组成部分(但非已登记的先驱投资者)的名义,或以其利益继承者的名义提出的请求核准勘探工作计划的申请,如果经担保国证明,申请者至少已将相当于 3 000 万美元的数额用来进行研究和勘探活动,并且至少已将该数额的10%用于定位、勘查和评价工作计划所指的区域,即应视为已符合核准工作计划所需具备的财政和技术条件。

(b) 如果国家或国营企业提出申请，应附上该国或担保国的声明，证明申请者具有所需财政资源承付提议的勘探工作计划的估计费用；

(c) 如果实体提出申请，应附上其最近三年符合国际公认会计原则并由合格的公共会计师事务所核证的经审计财务报表，包括资产负债表和损益表的副本；并且

(一) 如果申请者是新组成的实体，尚未有经核证的资产负债表，则应提交经申请者的适当职务人员认证的预计资产负债表；

(二) 如果申请者是另一个实体的子公司，则应提交该实体的上述财务报表副本以及该实体按照国际公认会计惯例所作，并由具有适当资格的公共会计师事务所核证的，关于申请者将有执行勘探工作计划的财政资源的说明；

(三) 如果申请者为一个国家或一家国营企业所控制，则应提交该国或国营企业证明申请者将有执行勘探工作计划的财政资源的说明。

22. 如果打算以贷款方式筹措提议的勘探工作计划的经费，则应附上一份说明，写明贷款额、偿还期和利率。

23. 附上足够的资料，使理事会能确定申请者是否有技术能力执行提议的勘探工作计划，包括：

(a) 关于申请者与提议的勘探工作计划相关的经验、知识、技能、技术资格和专长的一般说明；

(b) 关于预期将用于执行提议的勘探工作计划的设备和方法的一般说明，以及关于这些技术的特点的其他非专有性相关资料；以及

(c) 关于申请者应对对海洋环境造成严重损害的事故或活动的财政和技术能力的一般说明。

第四节
勘探工作计划

24. 附上与勘探工作计划有关的下列资料：

(a) 关于拟议勘探方案的一般说明和时间表，包括未来五年的活动方案，例如针对勘探时必须考虑的环境、技术、经济和其他有关因素进行的研究；

(b) 关于按照《规章》及管理局制定的任何环境规则、规章和程序进行的海洋学和环境基线研究方案的说明，这些研究是为了能够参照法律和技术委员会所提任何建议，评估拟议勘探活动对环境的潜在影响，包括但不限于对生物多样性的影响；

(c) 关于拟议勘探活动可能对海洋环境造成的影响的初步评估；

(d) 关于为防止、减少和控制对海洋环境的污染和其他危害以及可能造成的影响而提议的措施的说明；

(e) 未来五年活动方案的预期年度支出表。

第五节
承诺

25. 附上一份书面承诺，表示申请者将：

(a) 同意因《公约》的规定，管理局的规则、规章和程序，管理局各有关机关的决定及申请者同管理局所订合同的条款而产生的适用义务是可执行的，并将予以履行；

(b) 接受管理局根据《公约》授权对"区域"内活动进行控制；

(c) 向管理局提出书面保证，表示将诚意履行合同规定的义务。

第六节
以前的合同

26. 如果申请者，或当申请者是联合安排中由实体组成的合伙企业或联营企业时，该合伙企业或联营企业的任何成员，以前获得过管理局颁发的任何合同，则申请书中必须有：

(a) 以前合同的日期；

(b) 就有关合同向管理局提交的每一份报告的日期、编号和标题；以及

(c) 已终止合同的合同终止日期。

第七节
附件

27. 列出本申请书的所有附录和附件(所有数据和资料应以硬拷贝和管理局指定的数字格式提交)。

日期：_____   _____
　　　　　　　　　　　　　　　　　申请者指定代表签名

证明：

_____
证明人签名

_____
证明人姓名

_____
证明人职衔

附件四

勘探合同

本合同由国际海底管理局(以下称"管理局")和_____(以下称"承包者")通过双方各自的代表,管理局秘书长和_____于___年___月___日签订,兹协议如下:

条款的并入

1. 《"区域"内多金属结核探矿和勘探规章》附件四所载的标准条款应并入本合同内,并应具有相当于在本合同内详细载列的效力。

勘探区域

2. 为本合同的目的,"勘探区域"是指本合同附件 1 的坐标表所界定,分配给承包者勘探的那部分"区域",该部分的范围按照标准条款和《规章》的规定分阶段予以缩小。

权利的授予

3. 考虑到: (a) 双方都有兴趣根据 1982 年 12 月 10 日《联合国海洋法公约》和《关于执行<公约>第十一部分的协定》在勘探区域进行勘探活动; (b) 管理局有责任组织和控制"区域"内活动,特别是为了依照《公约》第十一部分和《协定》及《公约》第十二部分的规定分别制定的法律制度管理"区域"的资源; (c) 承包者有兴趣在勘探区域进行活动并为此作出财政承诺,以及双方在此订立的契约,管理局特此授予承包者专属权利,依照本合同的条款和条件对勘探区域内的多金属结核进行勘探。

生效和合同期限

4. 本合同应在双方签署后生效,并在不违反标准条款的情况下,应在签署后十五年内持续有效,除非:

(a) 承包者获得在勘探区域进行开发的合同,而且该合同在上述十五年期限届满之前生效;或者

(b) 合同在期限届满之前终止,但合同的期限可根据标准条款 3.2 和 17.2 予以延长。

附件

5. 标准条款第 4 节和第 8 节所述的附件在本合同中分别为附件 2 和附件 3。

全部协定

6. 本合同为当事方之间的全部协定,不得以任何口头谅解或前订文书修改其中的条款。

下列签署人，经各自一方正式授权，于＿＿＿年＿＿＿月＿＿日在＿＿＿签署本合同，**以资证明**。

附件1

［勘探区域的坐标和示意图］

附件2

［不时修订的现行五年活动方案］

附件3

［管理局按照标准条款第8节核准训练方案后，训练方案应成为合同的一个附件。］

附件五

勘探合同的标准条款

第 1 节
定义

1.1 在下列条款内:

    (a) "勘探区域"是指本合同附件 1 所述,分配给承包者勘探的那部分"区域",该部分的范围可按照本合同和《规章》的规定分阶段予以缩小;

    (b) "活动方案"是指载于本合同附件 2 的工作方案,该工作方案可不时依照本合同第 4.3 和第 4.4 节予以调整;

    (c) "《规章》"是指管理局通过的《"区域"内多金属结核探矿和勘探规章》。

1.2 《规章》界定的用语和短语在本标准条款内具有相同涵义。

1.3 《关于执行 1982 年 12 月 10 日＜联合国海洋法公约＞第十一部分的协定》规定,其条款及《公约》第十一部分应作为一个单一文书来解释和适用;本合同和本合同中提及《公约》的条款应相应地加以解释和适用。

1.4 本合同包括本合同各附件,这些附件为本合同的组成部分。

第 2 节
使用权的保障

2.1 承包者应享有使用权的保障,而且除本合同第 20、21 和 24 节规定的情况外,不得暂停、终止或修改本合同。

2.2 承包者应享有依照本合同的条款和条件,对勘探区域内的多金属结核进行勘探的专属权利。管理局应确保在勘探区域内勘探不同类别资源的任何其他实体在作业时不致不合理地干扰该承包者的作业。

2.3 承包者向管理局发出通知后,有权随时放弃其在勘探区域的所有或部分权利而不受罚,但该承包者仍须对宣布放弃之日以前就所放弃区域所产生的所有义务承担责任。

2.4 除本合同明确授予的权利以外,本合同未授予承包者任何其他权利。管理局保留在本合同所述区域内与第三方订立涉及多金属结核以外资源的合同的权利。

第 3 节
合同期限

3.1 合同应在双方签署后生效,并且应在签署后十五年内持续有效,除非:

(a) 承包者获得在勘探区域进行开发的合同，而且该合同在上述十五年期限届满之前生效；或

(b) 合同在期限届满之前终止，但合同的期限可依照本合同第 3.2 节和第 17.2 节予以延长。

3.2 如果承包者至迟于本合同到期之前六个月提出申请，则本合同可予延长，每次延长期限不得超过五年，而且须以管理局和承包者届时根据《规章》商定的条款为准。如果承包者已作出真诚努力遵守本合同的各项要求，但由于承包者无法控制的原因而不能完成进入开发阶段的必要准备工作，或者在当时的经济环境下没有理由进入开发阶段，则此种延长应获核准。

3.3 尽管根据本合同第 3.1 节规定本合同已到期，如果承包者在期满之日 90 天前申请开发合同，则本合同规定的承包者权利和义务应予继续，直至审议申请，颁发或拒发开发合同时为止。

第 4 节
勘探

4.1 承包者应按照本合同附件 2 所列活动方案规定的时间表开始勘探，并应遵守本合同所规定的时限或对时限所作的任何修改。

4.2 承包者应执行本合同附件 2 所述的活动方案。承包者进行这些活动时，每一合同年度内所花的实际和直接勘探费用应不少于该方案所规定的数额，或对方案进行审查后议定的数额。

4.3 承包者经管理局同意，可不时根据采矿业的良好做法，并参考多金属结核所含金属的市场状况和其他有关的全球经济状况，对活动方案及其中所列支出数额作必要和谨慎的调整。管理局不应不合理地拒绝给予同意。

4.4 承包者和秘书长至迟应在本合同根据合同第 3 节生效之日开始的每一个五年届满之前 90 天，共同对根据本合同执行勘探工作计划的情况进行审查。秘书长可视需要要求承包者提交此审查所需的进一步数据和资料。承包者应参照审查结果，对其工作计划作出必要的调整，并说明其下一个五年的活动方案，包括列出预计每年开支的订正表。本合同附件 2 应作相应调整。

第 5 节
环境监测

5.1 承包者应在合理可能的范围内采取预防性办法和最佳环境做法，采取必要措施，防止、减少和控制其"区域"内活动对海洋环境造成的污染和其他危害。

5.2 在开始勘探活动之前，承包者应向管理局提交：

(a) 关于拟议活动对海洋环境潜在影响的评估；

(b) 关于确定拟议活动对海洋环境潜在影响的监测方案的建议；

(c) 可用于制定环境基线以评估拟议活动影响的数据。

5.3 承包者应依照《规章》，随着勘探活动的不断深入和发展，收集环境基线数据，并确定各种环境基线，以此来对照评估承包者的活动可能对海洋环境造成的影响。

5.4 承包者应根据《规章》，制订和执行关于监测和报告对海洋环境的影响的方案。承包者应与管理局合作实施此一监测。

5.5 承包者应于每一日历年结束后 90 天内向秘书长报告本合同第 5.4 节所述监测方案的执行情况和结果，并应根据《规章》提交数据和资料。

第 6 节
应急计划和紧急情况

6.1 承包者在按照本合同开始其活动方案之前，应向秘书长提交一份能有效应对因承包者在勘探区域的海上活动而可能对海洋环境造成严重损害或带来严重损害威胁的事故的应急计划。这种应急计划应确定特别程序，并应规定备有足够和适当的设备，以应对此类事故，特别是应包括下列安排：

(a) 立即在勘探活动区域发出一般警报；

(b) 立即通知秘书长；

(c) 警告可能行将进入毗邻水域的船只；

(d) 不断向秘书长充分通报已经采取的紧急措施的细节和所需的进一步行动；

(e) 适当清除污染物质；

(f) 减少并在合理范围内尽可能防止对海洋环境造成严重损害，以及减轻此类影响；

(g) 在适当情况下，同管理局的其他承包者合作应付紧急情况；并

(h) 定期举行紧急情况演习。

6.2 承包者的活动如引起已经、正在或可能对海洋环境造成严重损害的事故，承包者应迅速向秘书长报告。每一份报告应载列事故的详情，其中除其他外，应包括：

(a) 已受影响的或可以合理地预期会受影响的区域的坐标；

(b) 说明承包者正在采取什么行动来防止、控制、减轻和弥补对海洋环境造成或可能造成严重损害的情况；

(c) 说明承包者正在为监测事故对海洋环境的影响而采取的行动；以及

(d) 秘书长在合理范围内可能要求提供的补充资料。

6.3 承包者应遵从理事会和秘书长为了防止、控制、减轻或弥补对海洋环境造成或可能造成严重损害的情况而分别按照《规章》发布的紧急命令和指示立即

采取的临时措施，包括可能要求承包者立即暂停或调整其在勘探区域内任何活动的命令。

6.4 如果承包者不迅速遵从这种紧急命令或立即采取临时措施，理事会可采取必要的合理措施，以防止、控制、减轻或弥补对海洋环境造成或可能造成严重损害的情况，费用由承包者承担。承包者应迅速向管理局偿还这种费用。这种费用不包括在根据本合同或《规章》对承包者课处的任何罚款之内。

第 7 节
具有考古或历史意义的遗骸、文物和遗址

在勘探区内发现任何具有考古或历史意义的遗骸或任何类似性质的文物或遗址时，承包者应立即将此事及发现的地点以书面方式通知秘书长，包括报告已采取的保全和保护措施。秘书长应将这些资料转交联合国教育、科学及文化组织总干事以及任何其他主管国际组织。在勘探区发现任何此类遗骸、文物或遗址后，为了避免扰动这些遗骸、文物或遗址，在理事会考虑到联合国教育、科学及文化组织总干事或任何其他主管国际组织的意见后另有决定之前，不得在一个合理范围内继续进行探矿或勘探。

第 8 节
训练

8.1 根据《规章》，承包者在按照本合同开始勘探之前，应把关于训练管理局和发展中国家人员的拟议训练方案提交管理局核准，其中包括让这些人员参与承包者按照本合同所从事的所有活动。

8.2 训练方案的范围和筹资办法应由承包者、管理局和担保国商订。

8.3 承包者应依照本合同第 8.1 节所述的并经管理局根据《规章》核准的具体人员训练方案，实施训练方案。具体方案可不时加以修改和发展，并应作为附件 3 成为本合同的一部分。

第 9 节
帐簿和记录

承包者应按照国际公认会计原则保存完整和正确的帐簿、帐目和财务记录。保存的帐簿、帐目和财务记录应包括充分披露实际和直接支出的勘探费用的资料和有助于切实审计这些费用的其他资料。

第 10 节
年度报告

10.1 承包者应于每一日历年结束后 90 天内，按照法律和技术委员会不时建议的格式，向秘书长提交一份报告，说明其在勘探区域的活动方案，并在适用时提供关于下列方面的详尽资料：

(a) 该日历年内进行勘探的工作，包括显示已进行工作和已取得结果的地图、海图和图表；

(b) 进行勘探工作所使用的设备，包括对拟议采矿技术进行测试的结果，但不包括设备的设计数据；以及

(c) 训练方案的执行情况，包括对这类方案的任何拟议的修订或发展。

10.2 这种报告也应载列：

(a) 环境监测方案的结果，包括对各项环境参数的观察、测量、评价和分析；

(b) 一份列有作为样品或为测试目的回收的多金属结核数量的报表；

(c) 一份符合国际公认会计原则和经具有适当资格的公共会计师事务所核证的报表，或在承包者为国家和国营企业时经担保国核证的报表，其中载列承包者在其会计年度内为执行活动方案而实际和直接支出的勘探费用。承包者可将这些费用列为承包者在开始商业生产前承担的部分发展费用；以

(d) 任何拟对活动方案作出调整的细节和作出这种调整的理由。

10.3 承包者还应按照秘书长不时提出的合理要求，提供更多资料以补充本合同第 10.1 节和第 10.2 节所述的报告，以便管理局根据《公约》、《规章》和本合同履行其职能。

10.4 对于在勘探期间取得的多金属结核样品，承包者应妥善保存一个具有代表性的部分，直至本合同期满为止。管理局可书面请求承包者将任何这种在勘探期间取得的样品的一部分送交管理局作分析之用。

10.5 承包者在提交年度报告之时须缴纳年度管理费 47 000 美元（或按本文件第 10.6 节另行确定的数额），用于支付管理局的合同管理和监督费用以及按本文件第 10.1 节提交的报告的审阅费用。

10.6 年度管理费的数额可由管理局修订，以反映其实际和合理产生的费用。[5]

第 11 节
合同期满时应提交的数据和资料

11.1 承包者应依照本节的规定，向管理局移交管理局对勘探区域有效行使权力和履行职能所必需和相关的一切数据和资料。

---

[5] ISBA/19/A/12, 2013 年 7 月 25 日，修订。

11.2   在本合同期满或终止时，尚未向秘书长提交下列数据和资料的承包者应向秘书长提交：

(a) 承包者在执行活动方案期间获得的，并为管理局对勘探区域有效行使权力和履行职能所必需和相关的地质、环境、地球化学和地球物理数据的副本；

(b) 确定可开采区域后对这些地区的估计，包括关于经证实的、概略的及可能的多金属结核储量的品位和数量以及预计开采条件的细节；

(c) 承包者编写或为承包者编写，并为管理局对勘探区域有效行使权力和履行职能所必需和相关的地质、技术、财务和经济报告的副本；

(d) 进行勘探工作所使用设备的充分详细资料，包括对拟议采矿技术进行测试的结果，但不包括设备的设计数据；

(e) 一份列有作为样品或为测试目的回收的多金属结核数量的报表；以及

(f) 一份关于样品的保存方式和地点及可供管理局使用的方式的说明。

11.3   如果在本合同期满之前，承包者申请核准一项开发工作计划，则应向秘书长提交本合同第 11.2 节所述的数据和资料；或如果承包者放弃其在勘探区域内的权利，则本合同第11.2节所述的与被放弃区域有关的数据和资料也应提交秘书长。

第12节
机密性

依照本合同提交管理局的数据和资料应按照《规章》规定作为机密处理。

第13节
承诺

13.1   承包者应依照本合同的条款和条件、《规章》、《公约》第十一部分、《协定》以及符合《公约》规定的其他国际法规则进行勘探。

13.2   承包者承诺：

(a) 同意本合同的条款是可执行的，并将予以遵守；

(b) 遵守《公约》的规定，管理局的规则、规章和程序及管理局有关机关的决定所产生的适用义务；

(c) 接受管理局根据《公约》授权对"区域"内活动进行控制；

(d) 诚意履行本合同规定的义务；并

(e) 在合理可行范围内遵从法律和技术委员会随时公布的建议。

13.3 承包者应以下述方式积极执行活动方案：

(a) 认真、高效和节省；

(b) 适当顾及其活动对海洋环境的影响；并

(c) 合理顾及海洋环境中的其他活动。

13.4 管理局承诺按照《公约》第一五七条诚意履行《公约》和《协定》规定的职权和职能。

第 14 节
检查

14.1 承包者应准许管理局派其检查员登临承包者用以在勘探区域内进行活动的船舶和设施，以便

(a) 监测承包者对本合同的条款及《规章》的遵守情况；并

(b) 监测这些活动对海洋环境的影响。

14.2 秘书长应合理通知承包者，告知检查的预定时间和检查的时间长度、检查员的姓名以及检查员准备进行、而且可能需要特别设备或者需要承包者的人员提供特别协助的活动。

14.3 检查员应有权检查任何船只或设施，包括其航海日志、设备、记录、装备、所有其他已记录的数据以及为监测承包者的遵守情况而需要的任何相关文件。

14.4 承包者及其代理人和雇员应协助检查员履行其职务，并应：

(a) 接受检查员并方便检查员迅速而安全地登临船只和设施；

(b) 对按照这些程序检查任何船只或设施的活动给予合作和协助；

(c) 在任何合理的时间为接触船只和设施上所有有关的设备、装备和人员提供便利；

(d) 在检查员履行职务时不加阻挠、恫吓或干预；

(e) 向检查员提供合理的便利，包括在适当情况下提供膳宿；并

(f) 方便检查员安全离船。

14.5 检查员应避免干扰承包者用于在所检查区域进行活动的船只和设施上的安全和正常作业，并应依照《规章》和为保护数据和信息的机密性而采取的措施行事。

14.6 秘书长及经正式授权的秘书长代表为审计和检查目的，应可查阅承包者所有的任何必要的和直接相关的账簿、凭单、文件和记录，以核实第 10.2(c) 节所提及的费用。

14.7　需要采取行动时，秘书长应向承包者及其担保国提供检查员报告内的相关资料。

14.8　如果承包者以任何原因不开展勘探，并且不要求颁发开发合同，则应在撤出勘探区域之前向秘书长提出书面通知，以使管理局如作出决定，可按照本节规定进行检查。

第 15 节
安全、劳动及健康标准

15.1　承包者应遵守主管国际组织或全体外交会议所制定的，关于海上人命安全和防止碰撞的公认国际规则和标准，以及管理局可能通过的关于海上安全的规则、规章和程序。用于在"区域"内进行活动的每一船只应持有按照这些国际规则和标准颁发的有效证件。

15.2　承包者在按照本合同进行勘探时，应奉行和遵守管理局可能通过的关于防止就业歧视、职业安全和健康、劳资关系、社会保障、就业保障和工作场所生活条件的规则、规章和程序。这些规则、规章和程序应考虑到国际劳工组织和其他主管国际组织的公约和建议。

第 16 节
责任

16.1　承包者应对其本身及其雇员、分包者、代理人及他们为根据本合同进行承包者的业务而雇用为他们工作或代他们行事的所有人员的不当行为或不作为所造成的任何损害，包括对海洋环境的损害的实际数额负赔偿责任，其中包括为防止或限制对海洋环境造成损害而采取的合理措施的费用，但应考虑到管理局的共同行为或不作为。

16.2　对于第三方因承包者及其雇员、代理人和分包者及他们为根据本合同进行承包者的业务而雇用为他们工作或代他们行事的所有人员的任何不当行为或不作为而提出的一切主张和赔偿要求，承包者应使管理局，其雇员、分包者和代理人免受损失。

16.3　管理局应对在履行其职权和职能时的不当行为，包括违反《公约》第一六八条第 2 款的行为所造成的任何损害的实际数额向承包者负赔偿责任，但应考虑到承包者，其雇员、代理人和分包者及他们为根据本合同进行承包者的业务而雇用为他们工作或代他们行事的所有人员的共同行为或不作为。

16.4　对于第三方因管理局在履行本合同规定的职权和职能时的任何不当行为或不作为，包括违反《公约》第一六八条第 2 款的行为而提出的一切主张和赔偿要求，管理局应使承包者，其雇员、分包者、代理人及他们为根据本合同进行承包者的业务而雇用为他们工作或代他们行事的所有人员免受损失。

16.5　承包者应按公认的国际海事惯例向国际公认的保险商适当投保。

第 17 节
不可抗力

17.1　承包者对因不可抗力而无法避免的延误或因而无法履行本合同所规定的任何义务不负赔偿责任。为本合同的目的，不可抗力指无法合理地要求承包者防止或控制的事件或情况；但这种事件或情况不应是疏忽或未遵守采矿业的良好做法所引起的。

17.2　本合同的履行如果因不可抗力受到延误，经承包者请求，承包者应获准延展时限，延展期相当于履行被延误的时间，而本合同的期限也应相应延长。

17.3　发生不可抗力时，承包者应采取一切合理措施，克服无法履行的情况，尽少延误地遵守本合同的条款和条件；但不应责成承包者解决或终止任何劳工纠纷或任何其他涉及第三方的争议，除非承包者对条件感到满意或者有权解决纠纷的机构作出最终决定。

17.4　承包者应合理地尽快将发生的不可抗力事件通知管理局，并应同样地将情况恢复正常的消息通知管理局。

第 18 节
免责条款

承包者或任何有关联的公司或分包者不得以任何明示或暗示的方式声称或表示，管理局或其任何官员对勘探区域内多金属结核持有任何意见或已表示任何意见。承包者、任何有关联的公司或任何分包者印发的，直接或间接提及本合同的任何计划书、通知、通告、广告、新闻稿或类似文件均不应登载或认可此种内容的声明。为本节的目的，"有关联的公司"是指控制承包者，或由承包者控制，或与承包者共同控制的任何个人、商号或公司或国有实体。

第 19 节
放弃权利

承包者向管理局发出通知后，有权放弃其权利和终止本合同而不受罚，但承包者仍须对宣布放弃之日以前产生的所有义务和按照《规章》须在合同终止后履行的义务承担责任。

第 20 节
担保的终止

20.1　如果承包者国籍或控制权发生变化或《规章》所界定的承包者担保国终止其担保，承包者应从速通知管理局。

20.2　在上述两种情况下，如果承包者未能找到另一符合《规章》所定要求的担保国，在《规章》规定的时限内以规定的格式为承包者向管理局提交担保书，则本合同应即予终止。

第 21 节
合同的中止和终止及罚则

21.1　如果发生以下情况之一，理事会可以中止或终止合同，但不妨害管理局可能具有的任何其他权利：

（a）虽经管理局书面警告，承包者仍然进行活动，以致造成一再故意严重违反本合同基本条款、《公约》第十一部分、《协定》及管理局的规则、规章和程序的结果；或

（b）承包者不遵守对其适用的争端解决机构作出的有约束力的终局裁判；或

（c）承包者失去偿付能力，或采取破产行动，或与债权人达成任何清偿协议，或进行清算或被接管，无论是强制性还是自愿的，或根据任何现行或此后生效的破产法、无力偿债法或债务调整法向任何法庭申请指派管理人或其自己的托管人或管理人或展开任何与自己有关的法律程序，但为了改组的除外。

21.2　如果由于 17.1 节所述的不可抗力事件或情况持续存在长达两年以上，尽管承包者已采取一切合理措施，以克服无法履行合同的情况，尽少延误地遵守本合同的条款和条件，但仍无法履行本合同为其规定的义务，则理事会在须遵循第 17 节规定的情况下，同承包者协商后，可中止或终止合同，但不妨害管理局可能拥有的其他任何权利。

21.3　任何中止或终止应采用书面通知形式，通过秘书长发出，并应附上关于采取这一行动的理由的说明。中止或终止应于通知后 60 天生效，除非承包者在此段时间内按照《公约》第十一部分第五节对管理局中止或终止本合同的权利提出异议。

21.4　如果承包者采取上述行动，本合同只可根据按照《公约》第十一部分第五节作出的有约束力的终局裁决予以中止或终止。

21.5　如果理事会已中止本合同，理事会可发出通知，要求承包者在通知后 60 天内恢复其作业并遵守本合同的条款和条件。

21.6　对于本合同第 21.1(a) 节未予规定的任何违反本合同的行为，或作为本合同第 21.1 节所规定的中止或终止的代替做法，理事会可对承包者课以与违约行为的严重性相称的罚款。

21.7 在承包者已有合理机会用尽根据《公约》第十一部分第五节可以使用的司法救济之前，理事会不得执行涉及罚款的决定。

21.8 在本合同终止或到期时，承包者应遵守《规章》，从勘探区域撤出所有设施、工厂、设备和材料，使该区成为安全区域，不会对人员、航运或对海洋环境构成危险。

第 22 节
权利和义务的转让

22.1 本合同规定的承包者权利和义务，须经管理局同意，并按照《规章》的规定，才可全部或部分转让。

22.2 如果拟议的受让者根据《规章》的规定是在所有方面都合格的申请者，并且承担承包者的一切义务，在转让没有向受让者转让一项《公约》附件三第六条第 3 款(c)项规定不得核准的工作计划的情况下，管理局不应不合理地拒绝同意转让。

22.3 本合同的条款、承诺和条件应对合同各方及其各自的继承者和受让者生效，使他们从中受益并受其约束。

第 23 节
不放弃权利

任何一方放弃因他方在履行本合同条款方面的一项违约行为而产生的权利，不应推定为该一方放弃权利，不追究他方随后在履行同一条款或任何其他条款方面的违约行为。

第 24 节
修改

24.1 如果已经发生或可能发生的情况使管理局或承包者认为将使本合同有失公允，或使本合同或《公约》第十一部分和《协定》所订的目标无法或不可能实现，双方应进行谈判，对合同作出相应的修改。

24.2 承包者和管理局也可以协议修改本合同，以便利执行管理局在本合同生效以后通过的任何规则、规章和程序。

24.3 本合同的变更、修正或改动，须得到承包者和管理局的同意，以经由双方授权的代表签署的适当文书为之。

第 25 节
争端

25.1 双方关于本合同的解释或适用的争端应依照《公约》第十一部分第五节解决。

25.2 依照《公约》附件三第二十一条第2款，根据《公约》具有管辖权的法院或法庭就管理局和承包者的权利和义务作出的任何终局裁判，在《公约》任一受影响的缔约国境内均可执行。

第 26 节
通知

26.1 与本合同有关的任何申请书、请求、通知、报告、同意书、批准书、放弃权利声明、指令或指示，应按情况由秘书长或由承包者的指定代表以书面作出。应以专人手递、电报、传真、挂号航空邮件或带有经授权的签字的电子邮件方式送达管理局总部交秘书长或送达指定的代表。以带有数字签字的电子文件提供信息，可满足《规章》关于以书面形式提供一切信息的规定。

26.2 任何一方都有权将任何地址更改为任何其他地址，但应至少提前十天向他方发出通知。

26.3 专人手递的，于送达时生效。以电报传送的，于发送者电报机显示"回答"之日的下一个办公日视为生效。以传真传送的，于传真机收到"发送证实报告"证实已向收件者的公开传真号码发送传真时生效。以挂号航空信件发出的，于寄出 21 天之后视为生效。电子邮件，在其进入收件人为接收所发此类文件而指定或使用的信息系统，并可以由收件人取用和处理时，视为被收件人收到。

26.4 就本合同的所有目的而言，向承包者指定的代表发出的通知，构成为给承包者的有效通知，而且在任何具有管辖权的法院或法庭的任何程序中，被指定的代表应为接受送达的令状或通知的承包者代理人。

26.5 就本合同的所有目的而言，发给秘书长的通知构成给管理局的有效通知，而且在任何具有管辖权的法院和法庭的诉讼程序中，秘书长应为接受送达的令状或通知的管理局代理人。

第 27 节
适用的法律

27.1 本合同应按照本合同的条款、管理局的规则、规章和程序、《公约》第十一部分、《协定》以及与《公约》不相抵触的其他国际法规则确定。

27.2 承包者，其雇员、分包者、代理人及他们为根据本合同进行承包者的业务而雇用为他们工作或代他们行事的所有人员，应遵守本合同第 27.1 节所提到的适用的法律，并且不应直接或间接地从事适用的法律禁止的任何交易。

27.3 本合同任何条款不得被视为不必为按照本合同进行的任何活动申请和取得可能需要的任何执照或授权。

第 28 节
解释

本合同分成若干节和分节，另加上标题，仅为了便于参考，不应影响对合同的解释。

第 29 节
其他文件

为实施本合同的规定，本合同每一当事方同意签署和递送所有必要的进一步文书，并采取和履行所有必要的进一步行动和事务。

第十六届会议

2010 年 4 月 26 日至 5 月 7 日

牙买加金斯敦

国际海底管理局大会有关"区域"内多金属硫化物探矿和勘探规章的决定

国际海底管理局大会，

审议了理事会 2010 年 5 月 6 日第 161 次会议暂行通过的"区域"内多金属硫化物探矿和勘探规章(ISBA/16/C/L.5)，

核可载于本文件附件的"区域"内多金属硫化物探矿和勘探规章。

第 130 次会议

2010 年 5 月 7 日

---

* 由于技术原因重新印发。

10-63719 * (C)　　　061210　　　141210

1063719

请回收

附件

"区域"内多金属硫化物探矿和勘探规章

序言

《联合国海洋法公约》（《公约》）规定，国家管辖范围以外的海床和洋底及其底土以及该区域的资源为人类的共同继承财产，其勘探与开发应为全人类的利益而进行。国际海底管理局代表全人类行事。本套规章旨在规定多金属硫化物的探矿和勘探活动。

第一部分
导言

第 1 条
用语和范围

1.　《公约》所用用语在本规章内涵义相同。

2.　《关于执行 1982 年 12 月 10 日〈联合国海洋法公约〉第十一部分的协定》（《协定》）规定，《协定》的条款及 1982 年 12 月 10 日《联合国海洋法公约》第十一部分应作为一个单一文书来解释和适用。本规章和本规章中提及《公约》的条款应相应地加以解释和适用。

3.　为本规章的目的：

　　(a)　"开发"是指在"区域"内为商业目的回收多金属硫化物和从中选取矿物，包括建设和运行供生产和销售金属之用的采矿、加工和运输系统；

　　(b)　"勘探"是指以专属权利在"区域"内探寻多金属硫化物矿床，分析这些矿床，使用并测试采集系统和设备、加工设施及运输系统，以及对开发时必须考虑的环境、技术、经济、商业和其他有关因素进行研究；

　　(c)　"海洋环境"包括影响和决定海洋生态系统、海洋水域及这些水域的上空，以及海床和洋底及其底土的生产力、状态、状况和素质的物理、化学、地质和生物的组成部分、条件和因素；

　　(d)　"多金属硫化物"是指"区域"内热液作用形成的硫化物矿床及伴生的矿物资源，其富含的金属除其他外包括铜、铅、锌、金和银；

　　(e)　"探矿"是指在不享有任何专属权利的情况下，在"区域"内探寻多金属硫化物矿床，包括估计多金属硫化物矿床的成分、规模和分布情况及其经济价值；

（f）"对海洋环境造成严重损害"是指"区域"内活动对海洋环境所造成的任何使海洋环境出现显著不良变化的影响，这种影响是按照管理局根据国际公认标准和惯例所制定的规则、规章和程序断定的。

4.　本规章不影响按照《公约》第八十七条进行科学研究的自由，或是按照《公约》第一四三条和第二五六条在"区域"内进行海洋科学研究的权利。本规章的任何条款不应理解为限制各国行使《公约》第八十七条所述的公海自由。

5.　本规章可以由其他的，特别是关于保护和保全海洋环境的规则、规章和程序补充。本规章应符合《公约》和《协定》的规定及与《公约》无抵触的其他国际法规则。

第二部分
探矿

第2条
探矿

1.　探矿应按照《公约》和本规章进行，并须经秘书长告知探矿者，其通知已按照第4条第2款记录在案后方可开始。

2.　探矿者和秘书长应采用《里约宣言》原则 15 所反映的预防做法。[1] 实质证据显示可能对海洋环境造成严重损害时，不得进行探矿。

3.　不得在一项核准的多金属硫化物勘探工作计划所包括的区域或在保留区内进行探矿；亦不得在理事会因有对海洋环境造成严重损害的危险而不核准开发的区域内进行探矿。

4.　探矿不应使探矿者取得对资源的任何权利。但是，探矿者可回收试验所需的合理数量的矿物，但不得用于商业用途。

5.　探矿没有时间限制，但是探矿者如收到秘书长的书面通知，表示已就某一特定区域核准勘探工作计划，则应停止在该区域的探矿活动。

6.　一个以上的探矿者可在同一个或几个区域内同时进行探矿。

第3条
探矿通知

1.　申请探矿者应将其进行探矿的意向通知管理局。

---

[1] 《联合国环境与发展会议的报告，1991 年 6 月 3 日至 14 日，里约热内卢》（联合国出版物，出售品编号 C.91.1.8 和更正），第 1 卷：《环发会议通过的决议》，决议 1，附件一。

2.   每份探矿通知应以本规章附件 1 规定的格式提交秘书长，并应符合本规章的要求。

3.   每份通知的提交方式如下：

(a)   国家的通知，由其为此目的指定的机构提交；

(b)   实体的通知，由其指定代表提交；

(c)   企业部的通知，由其主管机构提交。

4.   每份通知应以管理局的一种语文提出，并应载有：

(a)   申请探矿者及其指定代表的名称、国籍和地址；

(b)   符合管理局采用的最新公认国际标准，关于准备进行探矿的一个或多个大致区域的坐标；

(c)   对探矿方案的一般说明，包括拟议的开始日期和估计所需时间；

(d)   令人满意的书面承诺，表示申请探矿者将：

㈠   遵守《公约》和管理局有关下列事项的相关规则、规章和程序：

        a.   合作进行《公约》第一四三条和第一四四条所述的海洋科学研究和技术转让方面的训练方案；和

        b.   保护和保全海洋环境；

㈡   接受管理局对遵守承诺情况的查核；和

㈢   在实际可行的情况下，尽量向管理局提供保护和保全海洋环境的相关数据。

第 4 条
对通知的审理

1.   秘书长应书面确认收到根据第 3 条提交的每份通知，并注明收件日期。

2.   秘书长应在收到通知后 45 天内对通知进行审查并采取行动。如果通知符合《公约》和本规章的要求，秘书长应将通知的细节记入为此目的置备的登记册，并书面告知探矿者，通知已记录在案。

3.   如果通知包括某一已核准的勘探或开发任一资源的工作计划所包括区域的任何部分，或某一保留区的任何部分，或理事会因有对海洋环境造成严重损害的危险而不核准开发的区域的任何部分，或者书面承诺不能令人满意，秘书长应在收到通知后 45 天内书面告知申请探矿者，并应书面向申请探矿者说明理由。在这种情况下，申请探矿者可以在 90 天内提交修正的通知。秘书长应在 45 天内对修正的通知进行审查并采取行动。

4. 通知内的任何资料有变，探矿者应书面通知秘书长。

5. 秘书长不应披露通知中的任何细节，除非探矿者书面表示同意。但秘书长应不时将探矿者的身份和正在进行探矿的大概区域位置告知管理局所有成员。

第 5 条
在探矿过程中保护和保全海洋环境

1. 各探矿者应采用预防做法和最佳环境做法，在合理的可能范围内采取必要措施，防止、减少和控制探矿活动对海洋环境的污染及其他危害。各探矿者尤应尽量减少或消除：

(a) 探矿活动对环境的不良影响；和

(b) 对正在进行或计划进行的海洋科学研究活动造成的实际或潜在冲突或干扰，并在这方面依照今后的相关准则行事。

2. 探矿者应同管理局合作，制订并实施方案，监测和评价多金属硫化物的勘探和开发可能对海洋环境造成的影响。

3. 探矿活动引发的任何事故如已经、正在或可能对海洋环境造成严重损害，探矿者应采用最有效的手段，立即以书面形式通知秘书长。接到这一通知后，秘书长即应依照第 35 条的规定行事。

第 6 条
年度报告

1. 探矿者应在每一日历年结束后 90 天内，向管理局提出有关探矿情况的报告。秘书长应将报告提交法律和技术委员会。每份报告应载列：

(a) 关于探矿情况和所获得结果的一般性说明；

(b) 关于第 3 条第 4 款 (d) 项所述承诺遵守情况的资料；和

(c) 关于这方面的相关准则的遵守情况的资料。

2. 如果探矿者打算把探矿所涉费用申报为开始商业生产前的部分开发成本，探矿者应就探矿者在进行探矿期间所支付的实际和直接费用，提交符合国际公认会计原则并由合格的公共会计师事务所核证的年度报表。

第 7 条
年度报告内的探矿数据和资料的机密性

1. 秘书长应比照适用第 38 条和第 39 条的规定，确保根据第 6 条所提交报告内的所有数据和资料的机密性，但有关海洋环境保护和保全的数据和资料，特别是源自环境监测方案的数据和资料不具机密性。探矿者可要求此类数据自提交之日起最多三年内不予披露。

2. 秘书长可以在有关的探矿者同意下，随时公布关于某一已提交通知的区域的探矿数据和资料。如果秘书长经过至少两年的合理努力后断定探矿者不复存在或下落不明，秘书长可以公布这种数据和资料。

第 8 条
考古或历史文物

在"区域"内发现任何实际或可能的考古或历史文物，探矿者应立即将该事及发现的地点以书面方式通知秘书长。秘书长应将这些资料转交联合国教育、科学及文化组织总干事。

第三部分
请求核准合同形式的勘探工作计划的申请书

第 1 节
一般规定

第 9 条
通则

在符合《公约》各项规定的情况下，下列各方可向管理局申请核准勘探工作计划：

(a) 企业部以自己的名义，或作为一项联合安排的参与方；

(b) 缔约国、国营企业，或具有缔约国国籍或在这些国家或其国民有效控制下并由这些国家担保的自然人或法人，或符合本规章规定的上述各方的任何组合。

第 2 节
申请书的内容

第 10 条
申请书的格式

1. 每一份请求核准勘探工作计划的申请书，应以本规章附件 2 规定的格式提交秘书长，并应符合本规章的要求。

2. 每一份申请书的提交方式如下：

(a) 缔约国的申请书，由其为此目的指定的机构提交；

(b) 实体的申请书，由其指定代表或担保国为此目的指定的机构提交；和

(c) 企业部的申请书，由其主管机构提交。

3. 国营企业或第 9 条(b)项所述实体的每一份申请书还应包括：

(a) 足以确定申请者国籍，或有效控制申请者的国家或其国民的身份的资料；和

(b) 申请者的主要营业地点或住所和在适当时其注册地点。

4.　由实体组成的合伙企业或联营企业所提交的每一份申请书应载有关于每一个合伙者或联营者的所需资料。

第 11 条
担保书

1.　国营企业或第 9 条(b)项所述实体的每一份申请书，应附有企业为其国民或受该国或该国国民有效控制的国家开具的担保书。如果申请者具有一个以上国籍，例如由多个国家的实体组成的合伙企业或联营企业，则所涉每一国家均应出具担保书。

2.　如果申请者具有一国国籍，但受另一国或其国民的有效控制，则所涉每一国家均应出具担保书。

3.　每一份担保书应以提交该担保书的国家名义正式签署，并应载有：

(a) 申请者名称；

(b) 担保国国名；

(c) 一份陈述，声明申请者是：

㈠　担保国国民；或

㈡　受担保国或其国民的有效控制；

(d) 担保国的陈述，表示该国担保该申请者；

(e) 担保国交存《公约》批准书、加入书或继承书的日期；

(f) 担保国按照《公约》第一三九条、第一五三条第 4 款和附件三第四条第 4 款承担责任的声明。

4.　与企业部订立联合安排的国家或实体也应遵守本条的规定。

第 12 条
申请书包括的总区域

1.　为本规章的目的，"多金属硫化物区块"是指管理局规定的一个网格单元，面积约 10 公里乘 10 公里，但不超过 100 平方公里。

2.   每一份请求核准勘探多金属硫化物工作计划的申请书所包括的区域，由不超过 100 个多金属硫化物区块组成，这些区块将由申请者按照下文第 3 款所述排列为至少 5 个组群。

3.   每个多金属硫化物区块组群须至少包含 5 个毗连区块。在任何一点相接触的两个多金属硫化物区块应视为毗连区块。多金属硫化物区块组群不一定毗连但须邻近，且局限在一个不超过 300 000 平方公里的长方形区域内，最长一边的边长不超过 1 000 公里。

4.   虽有上文第 2 款的规定，如果申请者选择依照第 17 条的规定提供一个保留区，以根据《公约》附件三第九条开展活动，则申请书包括的总区域不应超过 200 个多金属硫化物区块。应将这些区块排列成两组，每组具有相等估计商业价值，每组多金属硫化物区块均应由申请者按照上文第 3 款所述按组群排列。

第 13 条
财政和技术能力

1.   每一份请求核准勘探工作计划的申请书，应载有足够的具体资料，使理事会能够确定申请者是否有财政和技术能力执行提议的勘探工作计划和履行其对管理局的财政义务。

2.   企业部提出的请求核准勘探工作计划的申请书应附有其主管机构的声明，证明企业部拥有所需财政资源承付提议的勘探工作计划的估计费用。

3.   国家或国营企业提出的请求核准勘探工作计划的申请书应附有该国或担保国的声明，证明申请者拥有所需的财政资源承付提议的勘探工作计划的估计费用。

4.   实体提出的请求核准勘探工作计划的申请书应附有其最近三年符合国际公认会计原则并由合格的公共会计师事务所核证的经审计的财务报表，包括资产负债表和损益表的副本；以及

    (a) 如果申请者是新组成的实体，尚未有经核证的资产负债表，则应提交经申请者的适当职务人员认证的预计资产负债表；

    (b) 如果申请者是另一个实体的子公司，则应提交该实体符合国际公认会计原则并由合格的公共会计师事务所核证的上述财务报表副本，及该实体证明申请者将有执行勘探工作计划的财政资源的声明；

    (c) 如果申请者受一个国家或国营企业控制，则应提交该国或国营企业证明申请者将有执行勘探工作计划的财政资源的声明。

5. 如果第 4 款所述的申请者打算以贷款筹措提议的勘探工作计划的经费，其申请书应写明贷款的数额、偿还期和利率。

6. 每一份申请书应附有：

(a) 关于申请者与提议的勘探工作计划相关的先前经验、知识、技能、技术资格和专长的一般说明；

(b) 关于预期用来执行提议的勘探工作计划的设备和方法的一般说明，以及关于这些技术的特点的其他非专有性相关资料；和

(c) 关于申请者处理对海洋环境造成严重损害的事件或活动的财政和技术能力的一般说明。

7. 如果申请者是联合安排中由实体组成的合伙企业或联营企业，则各合伙者或联营者均应提供本条所要求的资料。

第 14 条
以前同管理局订立的合同

如果申请者，或在申请是联合安排中由实体组成的合伙企业或联营企业提出时，任何合伙者或联营者，以前曾同管理局订立任何合同，则申请书应包括：

(a) 以前订立合同的日期；

(b) 就有关合同向管理局提交的每一份报告的日期、编号和标题；和

(c) 已终止合同的合同终止日期。

第 15 条
承诺

作为请求核准勘探工作计划的申请书的一部分，各申请者，包括企业部在内，应向管理局作出下列书面承诺：

(a) 同意因《公约》的规定，管理局的规则、规章和程序，管理局各有关机关的决定及申请者同管理局所订合同的条款而产生的适用义务是可以执行的，并将予以履行；

(b) 接受管理局根据《公约》授权对"区域"内的活动进行控制；和

(c) 向管理局提出书面保证，表示将诚意履行合同规定的义务。

第 16 条
申请者选择提供保留区或在一个联合企业安排中的股份

每一申请者在申请书中应选择：

(a) 依照第 17 条的规定提供一个保留区，以根据《公约》附件三第九条开展活动；或

(b) 依照第 19 条的规定提供一个联合企业安排中的股份。

第 17 条
在指定保留区以前应提交的数据和资料

1. 申请者如果选择提供一个保留区，以根据《公约》附件三第九条开展活动，申请书包括的区域应当足够大，有足够的估计商业价值，可供从事两起采矿作业，并应由申请者依照第 12 条第 4 款的规定予以组合。

2. 每一份上述的申请书应载有本规章附件 2 第二节所规定的关于申请所涉区域的足够数据和资料，使理事会能根据法律和技术委员会的建议，基于每一部分的估计商业价值指定一个保留区。这些数据和资料应包括申请者可以得到的关于申请所涉区域两个部分的数据，包括用以确定其商业价值的数据。

3. 理事会根据申请者按照本规章附件 2 第二节的规定所提交，经断定为令人满意的数据和资料，并考虑到法律和技术委员会的建议，应指定申请区域中将来作为保留区的那一部分。一旦非保留区的勘探工作计划获得核准并签订合同，该指定区域即成为保留区。理事会如果断定需要其他符合本规章和附件 2 的资料来指定保留区，则应将此事退回委员会作进一步审议，并说明所需的进一步资料。

4. 在核准勘探工作计划并发给合同后，管理局可按照《公约》附件三第十四条第 3 款的规定，公布申请者就保留区移交管理局的数据和资料。

第 18 条
请求核准保留区的工作计划的申请书

1. 任何发展中国家，或该国所担保并受该国或任何其他发展中国家有效控制的任何自然人或法人，或上述各方的任何组合，可通知管理局它希望就某一保留区提出勘探工作计划。秘书长应将该通知转交企业部，企业部应在六个月内书面通知秘书长企业部是否打算在该区域进行活动。企业部如果打算在该区域进行活动，还应按照第 4 款书面通知原来在其请求核准勘探工作计划的申请书中包括该区域的承包者。

2. 如果企业部决定无意在某一保留区进行活动，或者企业部在秘书长发出通知后六个月内既未决定是否打算在该区域进行活动，也未书面通知秘书长，说明企业部正在进行有关可能成立联合企业的谈判，即可随时提出请求核准关于该保留区的勘探工作计划的申请。就联合企业进行谈判时，自通知秘书长之日起企业部应有一年时间决定是否在该区域进行活动。

3.   如果企业部或某一发展中国家或第 1 款所述的一个实体，在企业部独立于管理局秘书处开始执行其职务后的 15 年内，或在将某一区域保留给管理局之日起的 15 年内（以较晚者为准），没有提交请求核准在该保留区进行活动的勘探工作计划的申请，则其请求核准勘探工作计划的申请书原来包括该区域的承包者应有权申请关于该区域的勘探工作计划，但须诚意提供机会让企业部参加为联合企业的合伙者。

4.   对于承包者的请求核准勘探工作计划的申请书所包括并经理事会指定为保留区的区域，承包者应有与企业部订立勘探该区域的联合企业安排的第一取舍权。

第 19 条
在一个联合企业安排中的股份

1.   申请者如果选择提供在一个联合企业安排中的股份，应依照第 20 条的规定提交数据和资料。分配给申请者的区域受第 27 条的规定限制。

2.   联合企业安排在申请者签订开采合同之时生效，其中应规定：

(a) 企业部根据下列规定，在联合企业安排中应获得至少 20%的参股权：

(一) 参股所得的一半股份应无偿获得，无须向申请者作出任何直接或间接支付，并在一切方面同申请者所持股份享有平等待遇；

(二) 参股所得余下部分在一切方面同申请者所持股份享有平等待遇，但在申请者收回其对联合企业安排投入的全部股本之前，企业部不得就这部分分享任何利润；

(b) 虽有(a)项的规定，申请者应向企业部提供机会，使其可以在同申请者在一切方面享有平等待遇的基础上增加股份参与，增购 30%联合企业安排的股份，或企业部可能选择的较小份额；[2]

(c) 除申请者和企业部的协定中另有具体规定外，企业部不因参股而有责任为联合企业安排或代表联合企业安排提供资金或信贷或作出担保或承担任何财务责任，也不得要求企业部增购股份，以维持企业部在联合企业安排中的参与比例。

第 20 条
须为核准勘探工作计划提交的数据和资料

1.   为了使合同形式的勘探工作计划获得核准，每一申请者应提交下列资料：

---

[2] 获取参股权的条款与条件应予进一步阐明。

(a) 关于提议的勘探方案的一般说明和时间表，包括在未来五年的活动方案，例如对勘探时必须考虑的环境、技术、经济和其他有关因素进行的研究；

(b) 关于按照本规章及管理局制定的任何环境方面的规则、规章和程序进行的海洋学和环境基线研究方案的说明，以便能够根据法律和技术委员会提出的建议，评估提议的勘探活动对环境的潜在影响，包括但不限于对生物多样性的影响；

(c) 关于提议的勘探活动可能对海洋环境造成的影响的初步评估；

(d) 关于为防止、减少和控制对海洋环境的污染和其他危害，以及可能造成的影响而提议的措施的说明；

(e) 理事会根据第 13 条第 1 款作出决定所需的数据；和

(f) 未来五年活动方案的预期年度支出表。

2. 申请者如果选择提供一个保留区，则应当在理事会根据第 17 条第 3 段指定保留区后，向管理局移交与这些区域有关的数据和资料。

3. 申请者如果选择提供在一个联合企业安排中的股份，则应当在作出这一选择之时，向管理局移交与这些区域有关的数据和资料。

第 3 节
费用

第 21 条
申请费

1. 请求核准多金属硫化物勘探工作计划的申请书的处理费为 50 万美元或等值可自由兑换货币的固定数额，在提交申请书时全额缴付。

2. 如果管理局处理申请书产生的行政费用低于上文第 1 段所述固定数额，管理局应将余额退还申请者。如果管理局处理申请书产生的行政费用超过上文第 1 段所述固定数额，申请者应向管理局补缴差额，但申请者缴付的任何额外数额不得超过第 1 段所述固定规费的 10%。

3. 考虑到财务委员会为此设立的标准，秘书长应确定上文第 2 段所述此类差额，并将数额通知申请者。通知中应列入管理局所产生支出的明细表。申请者应付数额或管理局应退数额，按下文第 25 条所述，在签订合同后的三个月内支付。

4.   理事会应定期审查上文第 1 段所述固定数额，以确保其可支付处理申请书的预期行政费用，并避免申请者须按照上文第 2 段支付额外数额。[3]

第 4 节
申请书的处理

第 22 条
申请书的收受、确认和妥善保管

秘书长应：

（a）在 30 天内书面确认收到根据本部分提交的每一份请求核准勘探工作计划的申请书，并注明收件日期；

（b）妥善保管申请书及其附文和附件，并确保申请书所载全部机密数据和资料的机密性；和

（c）通知管理局成员收到申请书，并向他们分发关于这项申请的一般性非机密资料。

第 23 条
法律和技术委员会的审议

1.   秘书长在收到请求核准勘探工作计划的申请书后，即应通知法律和技术委员会成员并在委员会下一次会议议程上列入有关审议该申请书的项目。委员会应仅审议秘书长依照第 22 条(c)项的规定在委员会审议会议开始至少 30 天前已分发通知和资料的申请书。

2.   委员会应按收件的先后次序审查申请书。

3.   委员会应确定申请者是否：

（a）遵守本规章的规定；

（b）作出第 15 条所规定的承诺和保证；

（c）具备执行提议的勘探工作计划的财务和技术能力，并提供了详细资料说明其迅速执行紧急命令的能力；和

（d）已令人满意地履行了以前同管理局订立的任何合同的有关义务。

4.   委员会应根据本规章及其程序所列的要求，确定提议的勘探工作计划是否将：

（a）有效地保护人体健康和安全；

---

[3] ISBA/20/A/10，2014 年 7 月 24 日，修订。

(b) 有效地保护和保全海洋环境，包括但不限于对生物多样性的影响；

(c) 确保设施不坐落在可能干扰国际航行必经的公认航道的地点或坐落在捕鱼活动集中的区域。

5.　如果委员会根据第 3 款作出确定，并确定提议的勘探工作计划符合第 4 款的要求，委员会应建议理事会核准勘探工作计划。

6.　如果提议的勘探工作计划所涉区域的一部或全部有下列情况，委员会不应建议核准该勘探工作计划：

(a) 该区域的一部或全部包括在一项理事会核准的多金属硫化物勘探工作计划内；或

(b) 该区域的一部或全部包括在一项理事会已核准的其他资源勘探或开发工作计划内，如果提议的多金属硫化物勘探工作计划可能不当地干扰根据这一项已核准的其他资源工作计划所进行的活动；或

(c) 该区域的一部或全部位于理事会因有实质证据显示存在对海洋环境造成严重损害的危险而不核准开发的一个区域内。

7.　法律和技术委员会可建议核准某一工作计划，如果委员会确定核准该计划不会使缔约国或缔约国支持的实体垄断"区域"内有关多金属硫化物的活动或排除其他缔约国在"区域"内开展有关多金属硫化物的活动。

8.　除企业部为其本身或某一联合企业提出的申请，及根据第 18 条提出的申请外，如果提议的勘探工作计划所包含区域的一部或全部位于一个保留区或位于理事会指定为保留区的区域以内，则委员会不得建议核准该勘探工作计划。

9.　如果委员会认为申请书不符合本规章规定，委员会应通过秘书长书面通知申请者并说明其理由。申请者可以在这种通知发出后 45 天内修正其申请书。如果委员会在进一步审议后认为委员会不应建议核准勘探工作计划，委员会应将此意见通知申请者，并给予申请者另一次机会，在上述通知发出后 30 天内提出其意见。委员会在拟定提交理事会的报告和建议时应考虑申请者所提意见。

10.　委员会在审议提议的勘探工作计划时，应考虑到《公约》第十一部分和附件三以及《协定》就"区域"内活动规定的原则、政策和目标。

11.　委员会应从速审议申请书，并应考虑到管理局会议的时间表，利用第一个可能的机会向理事会提交关于区域的指定和勘探工作计划的报告和建议。

12.　委员会在履行职责时，应无歧视地划一适用本规章及管理局的规则、规章和程序。

第 24 条
理事会对勘探工作计划的审议和核准

理事会应按照《协定》附件第 3 节第 11 和第 12 段的规定审议委员会关于核准勘探工作计划的报告和建议。

第四部分
勘探合同

第 25 条
合同

1.　一项勘探工作计划经理事会核准后，应按本规章附件 3 规定写成管理局与申请者之间的合同。每一项合同都应包括附件 4 中所列，自合同生效之日具有效力的标准条款。

2.　合同应由秘书长代表管理局与申请者签署。秘书长应将每一项合同的缔结书面通知管理局所有成员。

第 26 条
承包者的权利

1.　承包者对一项多金属硫化物勘探工作计划所涉区域享有专属勘探权。管理局应确保其他实体在同一区域就多金属硫化物以外的其他资源进行作业的方式不致干扰承包者的作业。

2.　持有一项已核准的勘探工作计划的承包者，只应在那些就同一区域和资源提出开发工作计划的各申请者中享有优惠和优先。在理事会对承包者发出书面通知，指出承包者未遵循的要求后，如果承包者未能在通知规定的时限内依照核准的勘探工作计划的要求行事，理事会可撤销这种优惠或优先。通知内规定的时限应当为合理的时限。在最后决定撤销这种优惠或优先以前，承包者应有合理机会提出意见。理事会应说明建议撤销优惠或优先的理由，并应考虑承包者的回应。理事会的决定应考虑承包者的回应并应以实质证据为基础。

3.　在撤销优惠或优先的决定正式生效以前，承包者应有合理机会用尽《公约》第十一部分第五节所规定的司法救济。

第 27 条
区域面积和放弃

1.　承包者应依照本条第 2 款的规定放弃已获分配的多金属硫化物区域。拟放弃的区域不一定毗连，承包者应以小区块的形式界定此区域；小区块由管理局规定的一个或多个网格单元组成。

2.　根据合同分配给承包者的区域总面积不得超过 10 000 平方公里。承包者应按下列时间表放弃部分原获分配的区域：

(a)　在合同签订之日起第八年结束时，承包者应当已经放弃至少 50%原获分配区域；

(b)　在合同签订之日起第十年结束时，承包者应当已经放弃至少 75%原获分配区域。

3.　承包者在任何时候都可以在第 2 款所列的时间表之前放弃部分原获分配的区域，但如果放弃部分区域后剩余的已获分配区域面积不超过 2 500 平方公里，则不得要求承包者放弃更多区域。

4.　被放弃的区域将恢复为"区域"。

5.　在合同签订之日起第十五年结束时，或在承包者申请开发权时(以较早者为准)，承包者应在剩余的已获分配区域中指定一个区域，保留作开发之用。

6.　理事会应承包者请求，可根据委员会的建议，在特殊情况下，将放弃时间表延迟。这种特殊情况应由理事会断定，除其他外，包括考虑当时的经济情况或在承包者的作业活动中出现的其他突发特殊情况。

第 28 条
合同期限

1.　核准的勘探工作计划的期限应为 15 年。勘探工作计划期满时，承包者应申请开发工作计划，除非承包者已经提出申请，或已获准延长勘探工作计划，或决定放弃其在勘探工作计划所涉区域的权利。

2.　在勘探工作计划期限届满前六个月，承包者可申请延长勘探工作计划，每次延长期限不得超过五年。如果承包者已作出真诚努力遵守工作计划的各项要求，但由于承包者无法控制的原因而不能完成进入开发阶段的必要准备工作，或者在当时的经济环境下没有理由进入开发阶段，则理事会应根据委员会建议核准这种延长。

第 29 条
训练

《公约》附件三第十五条规定，每一项合同都应以附件方式载有承包者与管理局和担保国合作拟订的训练管理局和发展中国家人员的实际方案。训练方案应着重有关进行勘探的训练，由上述人员充分参与合同包括的所有活动。这些训练方案可不时根据需要通过双方协议予以修改和制订。

第 30 条
对勘探工作计划执行情况的定期审查

1.　承包者和秘书长应每隔五年共同对勘探工作计划的执行情况进行定期审查。秘书长可要求承包者提交审查可能需要的进一步数据和资料。

2.　承包者应根据审查结果说明其下一个五年的活动方案，对其上一个活动方案作出必要的调整。

3.　秘书长应向委员会和理事会报告审查结果。秘书长应在报告中说明，审查是否考虑到《公约》缔约国就承包者履行本规章在保护和保全海洋环境方面对其规定的义务的方式向他转递的任何意见。

第 31 条
担保的终止

1.　每一承包者在整个合同期间应有规定的担保。

2.　如果一个国家终止其担保，应立即书面通知秘书长。担保国也应将终止担保的理由告知秘书长。担保的终止应在秘书长收到通知之日起六个月后生效，除非通知中订明一个较后的日期。

3.　如果担保终止，承包者应在第 2 款所述期间内找到另一担保国。该另一担保国应按照第 11 条提交担保书。如果未能在规定期间内找到担保国，合同应予终止。

4.　担保国在作为担保国期间承担的任何义务，不因担保终止而免除；担保终止也不应影响在担保期间产生的任何法律权利和义务。

5.　秘书长应将担保的终止或改变通知管理局成员。

第 32 条
责任

　　承包者和管理局应按照《公约》承担责任。在勘探阶段结束后，承包者应继续对其在作业过程中的不当行为所造成的任何损害，特别是对海洋环境造成的损害承担责任。

第五部分
保护和保全海洋环境

第 33 条
保护和保全海洋环境

1.　管理局应依照《公约》和《协定》的规定制订并定期审查环境规则、规章和程序，以确保有效保护海洋环境，使其免受"区域"内活动可能造成的有害影响。

2.　为了确保有效保护海洋环境，使其免受"区域"内活动可能造成的有害影响，管理局和担保国对这种活动应采取《里约宣言》原则15所反映的预防做法和最佳环境做法。

3.　法律和技术委员会应就上文第1和第2款的执行向理事会提出建议。

4.　委员会应制订并执行程序，以便根据现有最可靠的科学和技术信息，包括依照第20条规定提供的信息，确定拟议的"区域"内勘探活动是否会对脆弱的海洋生态系统，尤其是对热液喷口造成严重的有害影响，并确保，如果确定某些拟议的勘探活动将对脆弱海洋生态系统造成严重有害影响，则对这些活动加以管理以防出现此类影响或不核准从事这些活动。

5.　根据《公约》第一四五条和本条第2款，每一承包者应采用预防做法和最佳环境做法，尽量在合理的可能范围内采取必要措施防止、减少和控制其"区域"内活动对海洋环境造成的污染和其他危害。

6.　承包者、担保国和其他有关国家或实体应同管理局合作，制订并实施方案，监测和评价深海底采矿对海洋环境的影响。如理事会提出要求，此种方案应包括划出地区专门用作影响参照区和保全参照区的提议。"影响参照区"是指反映"区域"环境特性，用作评估"区域"内活动对海洋环境的影响的区域。"保全参照区"是指不应进行采矿以确保海底的生物群具有代表性和保持稳定，以便评估海洋环境生物多样性的任何变化的区域。

第34条
环境基线和监测

1.　每一合同应要求承包者参照法律和技术委员会根据第41条提出的建议，收集环境基线数据并确定环境基线，供对比评估其勘探工作计划所列的活动方案可能对海洋环境造成的影响，及要求承包者制订监测和报告这些影响的方案。委员会所提的建议除其他外，可列出据认为不具有对海洋环境造成有害影响的潜在可能的勘探活动。承包者应与管理局和担保国合作制订和执行这种监测方案。

2.　承包者应每年以书面方式向秘书长报告第1款所述监测方案的执行情况和结果，并应参照委员会根据第41条提出的建议提交数据和资料。秘书长应将上述报告送交委员会按照《公约》第一六五条加以审议。

第35条
紧急命令

1.　承包者应以最有效的手段，迅速向秘书长书面报告任何已经、正在或可能对海洋环境造成严重损害的活动引发的事故。

2. 如果秘书长接到承包者通知，或从其他来源获悉，承包者在"区域"内的活动引起或造成事故，已经、正在或可能对海洋环境造成严重损害，秘书长应指示发出有关该事故的一般性通知，应书面通知承包者和担保国，并应立即向法律和技术委员会、理事会及管理局所有其他成员提出报告。报告应分送主管国际组织以及各有关的分区域、区域及全球性组织和机构。秘书长应监测所有这种事故的发展，并视情况向委员会、理事会及管理局所有其他成员提出有关报告。

3. 在理事会未采取任何行动之前，秘书长应立即采取一切合乎情况需要的实际而合理的暂时性措施，以防止、控制和减轻对海洋环境的严重损害或可能的严重损害。在理事会在其下届常会或特别会议上根据本条第6款决定是否采取任何措施前，上述暂时性措施继续有效，但以90天为限。

4. 委员会在接到秘书长的报告后，应根据所收到的证据，并考虑到承包者已采取的措施，确定需要采取什么措施来有效地应付事故，以防止、控制和减轻对海洋环境的严重损害或可能的严重损害，并应向理事会提出其建议。

5. 理事会应审议委员会的建议。

6. 理事会考虑到委员会的建议、秘书长的报告、承包者提交的任何资料及任何其他相关资料，可发布紧急命令，其中可包括暂停或调整作业的必要合理命令，以防止、控制和减轻"区域"内活动对海洋环境的严重损害或可能的严重损害。

7. 如果承包者不迅速遵从紧急命令，防止、控制和减轻其"区域"内活动对海洋环境造成的严重损害或可能的严重损害，理事会应自行采取或同他方作出安排代表它采取必要的实际措施，以防止、控制和减轻这种对海洋环境的严重损害或可能的严重损害的情况。

8. 为了使理事会可以在必要时立即采取第7款所述的实际措施，防止、控制或减轻对海洋环境的严重损害或可能的严重损害，承包者在开始测试采集系统和进行加工作业以前，须向理事会保证承包者具有财政和技术能力，可迅速遵从紧急命令，或确保理事会可以采取这种紧急措施。如果承包者不向理事会提供上述保证，担保国应在秘书长提出请求后，根据《公约》第一三九条和第二三五条采取必要措施，确保承包者提供上述保证，或应采取措施确保向管理局提供协助，以便管理局执行第7款规定的职责。

第 36 条
沿海国的权利

1. 本规章不影响沿海国根据《公约》第一四二条和其他相关规定所享有的权利。

2. 任何沿海国如有理由认为承包者的任何"区域"内活动有可能对其管辖范围内或主权范围内的海洋环境造成严重损害或可能的严重损害，可书面通知秘书长，说明其看法依据的理由。秘书长应向承包者及其担保国提供合理的机会，审查沿海国作为其看法的根据而提出的任何证据。承包者及其担保国可在合理时间内向秘书长提出其对此的意见。

3. 如果有明确理由相信可能对海洋环境造成严重损害，秘书长应依照第 35 条的规定行事，或在必要时根据第 35 条第 3 款立即采取暂时性措施。

4. 承包者应采取一切必要措施，确保其进行的活动不会对沿海国家管辖范围内或主权范围内的海洋环境造成严重损害，包括但不限于污染，并确保其勘探区内的事故或活动所引起的此类严重损害或污染不扩散至该区域之外。

第 37 条
具有考古或历史意义的遗骸、文物和遗址

在勘探区内发现任何具有考古或历史意义的遗骸或任何类似性质的文物或遗址时，承包者应立即将该事及发现的地点以书面方式通知秘书长，包括报告已采取的保全和保护措施。秘书长应将这些资料转交联合国教育、科学及文化组织总干事以及任何其他主管国际组织。在勘探区发现这种考古或历史意义的遗骸、文物或遗址后，为了避免扰动此类遗骸、文物或遗址，不得在一个合理范围内继续进行探矿或勘探，直至理事会在考虑联合国教育、科学及文化组织总干事以及任何其他主管国际组织的意见后做出决定。

第六部分
机密性

第 38 条
数据和资料的机密性

1. 按照本规章或按照根据本规章发给的合同提交或移交管理局或参与管理局任何活动或方案的任何人的数据和资料，经承包者与秘书长协商指明属机密性质的，应视为机密，但下述数据和资料不在此列：

    (a) 众所周知或可从其他来源公开获取的；

    (b) 所有人以前曾向对其不负保密义务的其他人提供的；或

    (c) 管理局已掌握但对其无保密义务的。

管理局为制订关于保护和保全海洋环境及安全的规则、规章和程序而需要的数据和资料，除专利设备的设计数据外，不应视为具有机密性。

2. 唯有秘书长和经秘书长授权的秘书处工作人员，以及法律和技术委员会成员，可以在有效履行职权和职能的必要和相关范围内使用机密数据和资料。秘书

长批准取用机密数据和资料，仅限于为履行秘书处工作人员职能和职责及法律和技术委员会职能和职责作有限度的使用。

3.   在机密数据和资料提交管理局之日起十年后或于勘探合同期满之后，并以后发生者为准，以及此后每隔五年，秘书长和承包者应审查这些数据和资料，以确定是否应保持其机密性。如果承包者确认公开数据和资料很可能造成重大和不公平的经济损害，则应继续保持这些数据和资料的机密性。在承包者有合理机会用尽根据《公约》第十一部分第五节可以使用的所有司法救济之前，任何此种数据和资料均不得公开。

4.   在勘探合同期满后的任何时候，如果承包者就勘探区的任何部分订立开发合同，则与该部分地区有关的机密数据和资料应依照开发合同规定继续保密。

5.   承包者可随时放弃数据和资料的机密性。

第 39 条
确保机密性的程序

1.   秘书长应负责保持所有机密数据和资料的机密性，除事先征得承包者的书面同意外，不应向管理局外部任何人公布这些数据和资料。为确保这些数据和资料的机密性，秘书长应按照《公约》的规定制订程序，规范秘书处成员、法律和技术委员会成员以及参与管理局任何活动或方案的任何其他人对机密资料的处理。这种程序应包括：

    (a) 在安全的设施内保存机密数据和资料，并制订安全程序，防止未经许可取用或移走这些数据和资料；

    (b) 建立和维护一个分类、登记和编目系统，以记录所收到的所有书面数据和资料，包括其类型和来源以及从收到直至最终处置的收发日志。

2.   根据本规章有权取用机密数据和资料的人，除《公约》和本规章准许的情况外，不得泄露这些数据和资料。秘书长应规定，经授权可取用机密数据和资料的人须在秘书长或其指定代表见证下作出书面声明，表示获授权的人：

    (a) 确认其根据《公约》和本规章，承担不泄露机密数据和资料的法律义务；

    (b) 同意遵守为确保这些数据和资料的机密性而制定的适用规章和程序。

3.   法律和技术委员会应保护按照本规章或根据本规章发给的合同提交给委员会的数据和资料的机密性。《公约》第一六三条第 8 款规定，该委员会成员不应泄露工业秘密、按照《公约》附件三第十四条移交管理局的专有性数据，或因其在管理局任职而知悉的任何其他机密资料，即使在职务终止以后，也是如此。

4. 秘书长和管理局工作人员不应泄露任何工业秘密、按照《公约》附件三第十四条转交管理局的专有性数据，或因其在管理局所任职务而知悉的任何其他机密资料，即使在职务终止以后，也是如此。

5. 考虑到管理局根据《公约》附件三第二十二条所承担的责任，管理局得对任何因其在管理局所任职务而可接触任何机密数据和资料，但违反《公约》和本规章所规定保密义务的人采取适当的行动。

第七部分
一般程序

第 40 条
通知和一般程序

1. 与本规章有关的任何申请书、请求、通知、报告、同意书、批准书、放弃权利声明、指令或指示，应按情况由秘书长或由探矿者、申请者或承包者的指定代表以书面作出。应以专人手递、电报、传真或挂号航空邮件或带有经授权的电子签字的电子邮件送达管理局总部交秘书长或送达指定代表。

2. 专人手递的，于送达时生效。以电报传送的，于发送者电报机显示"回答"之日的下一个办公日视为生效。以传真传送的，于传真机收到"发送证实报告"证实已向收件者的公开传真号码发送传真时生效。以挂号航空信件发出的，于寄出 21 天之后视为生效。电子文件，在其进入收件人为接收所发此类文件而指定或使用的信息系统，并可以由收件人取用和处理时，视为被收件人收到。

3. 就本规章的所有目的而言，向探矿者、申请者或承包者的指定代表发出的通知，构成给探矿者、申请者或承包者的有效通知，而且在任何具有管辖权的法院或法庭的诉讼程序中，被指定代表为接收送达的传票或通知的探矿者、申请者或承包者代理人。

4. 就本规章的所有目的而言，发给秘书长的通知构成给管理局的有效通知，而且在任何具有管辖权的法院和法庭的诉讼程序中，秘书长为接收送达传票或通知的管理局代理人。

第 41 条
指导承包者的建议

1. 法律和技术委员会可以不时作出技术性或行政性建议指导承包者，协助承包者执行管理局的规则、规章和程序。

2. 上述建议的全部内容应报告理事会。理事会认为某一建议不符本规章的用意和宗旨时，可要求修改或撤回建议。

第八部分
解决争端

第 42 条
争端

1.　关于本规章的解释或适用的争端应按照《公约》第十一部分第五节的规定解决。

2.　根据《公约》具有管辖权的法院或法庭就管理局和承包者的权利和义务作出的任何终局裁判，在《公约》每一缔约国境内均可执行。

第九部分
多金属硫化物以外的其他资源

第 43 条
多金属硫化物以外的其他资源

　　如果探矿者或承包者在"区域"内发现多金属硫化物以外的其他资源，这些资源的探矿、勘探和开发应按照管理局根据《公约》和《协定》就这些资源制定的规则、规章和程序进行。探矿者或承包者应将其发现通知管理局。

第十部分
审查

第 44 条
审查

1.　大会核准《规章》五年后，或其后任何时间，理事会应对《规章》的实际运作情况进行审查。

2.　如果在知识增加或技术改进的情况下，《规章》显然不敷使用，则任何缔约国、法律和技术委员会或任何承包者通过其担保国随时可要求理事会考虑在理事会下届常会上修订《规章》。

3.　在经大会核准前，理事会可根据审查结果，考虑到法律和技术委员会的或其他相关附属机关的建议，通过并暂时适用对《规章》规定的修正。任何修正均不得影响任何承包者按照这种修正时有效的《规章》签订的合同条款所享受的权利。

4.　如果对《规章》任何条款做出修正，承包者和管理局可按照附件 4 第 24 节修订合同。

附件 1

从事探矿的意向通知

1. 探矿者名称:

2. 探矿者街道地址:

3. 邮政地址(如不同于上述地址):

4. 电话号码:

5. 传真号码:

6. 电子邮件地址:

7. 探矿者国籍:

8. 如果探矿者是法人,写明探矿者的:

   (a) 注册地点;和

   (b) 主要营业地点/住所

并附上探矿者的注册证书副本。

9. 探矿者指定代表的姓名:

10. 探矿者指定代表的街道地址(如不同于上述地址):

11. 邮政地址(如不同于上述地址):

12. 电话号码:

13. 传真号码:

14. 电子邮件地址:

15. 附上准备进行探矿的一个或多个大致区域的坐标(以世界大地测量系统 WGS 84 为基准)。

16. 附上对探矿方案的一般说明,包括方案的开始日期和大致持续时间。

17. 附上探矿者对下列事项的书面承诺:

   (a) 遵守《公约》和管理局关于下列事项的相关规则、规章和程序:

   (一) 合作进行《公约》第一四三条和第一四四条所述的海洋科学研究和技术转让方面的训练方案;和

（二）保护和保全海洋环境；和

（b）接受管理局对遵守承诺情况的核查。

18. 在下面列出本通知的所有附录和附件(所有数据和资料应以硬拷贝和管理局指定的数字格式提交)：

日期：_____   _____

探矿者指定代表签名

证明：

_____

证明人签名

_____

证明人姓名

_____

证明人职衔

附件 2

请求核准勘探工作计划以取得合同的申请书

第一节
申请者资料

1. 申请者名称:

2. 申请者街道地址:

3. 邮政地址(如不同于上述地址):

4. 电话号码:

5. 传真号码:

6. 电子邮件地址:

7. 申请者指定代表的姓名:

8. 申请者指定代表的街道地址(如不同于上述地址):

9. 邮政地址(如不同于上述地址):

10. 电话号码:

11. 传真号码:

12. 电子邮件地址:

13. 如果申请者是法人,写明申请者的:

    (a) 注册地点;和

    (b) 主要营业地点/住所

并附上申请者的注册证书副本。

14. 列出担保国。

15. 每一担保国须提供该国对 1982 年《联合国海洋法公约》的批准书、加入书或继承书的交存日期,及该国同意接受《关于执行 1982 年 12 月 10 日〈联合国海洋法公约〉第十一部分的协定》约束的日期。

16. 申请书须附有担保国开具的担保书。如果申请者具有一个以上国籍,例如由一个以上国家的实体组成的合伙企业或联营企业,则须附有所涉每一国家开具的担保书。

第二节
关于所申请区域的资料

17. 附上一张海图(比例尺和投影法由管理局具体规定)和一份(以世界大地测量系统 WGS 84 为基准的)地理坐标表,划定所申请区块的界限。

18. 说明申请者是选择依照《规章》第 17 条的规定提供一个保留区域还是选择依照《规章》第 19 条的规定提供联合企业安排中的股份。

19. 如果申请者选择提供一个保留区域:

(a) 附上一张海图(比例尺和投影法由管理局具体规定)和一份坐标表,将总区域分成估计商业价值相等的两个部分;和

(b) 以一个附件提供足够的资料,使理事会能根据所申请区域每一部分的估计商业价值指定一个保留区域。附件中须包括申请者可以得到的关于所申请区域两个部分的数据,包括:

(一) 关于区域内多金属硫化物的定位、调查和评价的数据,包括:

a. 指定保留区域所需的与多金属硫化物的回收和加工有关的技术说明;

b. 一份显示海底地形、水深和底层流等物理和地质特征的图件和关于这些数据的可靠性的资料;

c. 一份显示用于确定每个多金属硫化物矿体横向范围的遥感数据(如电磁调查)和其他调查数据的图件;

d. 用于确定多金属硫化物矿床第三维、并由此用于确定多金属硫化物矿体品位和吨位的钻探岩心和其他数据;

e. 显示活动和非活动多金属硫化物产地分布情况以及非活动产地停止活动时间和活动产地开始活动时间的数据;

f. 显示构成矿址的每个多金属硫化物矿体的平均吨位(公吨)数据及相关的显示取样地点位置的吨位图;

g. 根据化学分析得到的以(干)重量百分比为单位显示各种有经济意义的金属平均元素含量(品位)的数据和一张显示各个多金属硫化物矿体之间和之内的数据的相关品位图;

h. 多金属硫化物吨位和品位综合图;

i. 按照标准程序,包括统计分析法,用所提交的数据和以下假设作出的计算:以可开采区域内的可回收金属表示,可以预期区域的两个部分所含多金属硫化物具有相等估计商业价值;

j. 关于申请者所用技术的说明;

(二) 关于环境参数的资料(季节性的和试验期间的)，除其他外，包括风速和风向、盐度、温度以及生物群落。

20. 如果所申请的区域包括一个保留区域的任何部分，应附上一份显示构成保留区域一部分的有关区域的坐标表，并说明申请者根据《规章》第 18 条具有的资格。

第三节
财政和技术资料

21. 附上足够的资料，使理事会能确定申请者是否有财政能力执行提议的勘探工作计划和履行其对管理局的财政义务：

(a) 如果企业部提出申请，应附上由其主管机构开具的证明，证明企业部具有所需财政资源承付提议的勘探工作计划的估计费用；

(b) 如果国家或国营企业提出申请，应附上该国或担保国的声明，证明申请者具有所需财政资源承付提议的勘探工作计划的估计费用；

(c) 如果实体提出申请，应附上其最近三年符合国际公认会计原则并由合格的公共会计师事务所核证的经审计的财务报表，包括资产负债表和损益表的副本；

(一) 如果申请者是新组成的实体，尚没有经核证的资产负债表，则应提交经申请者的适当职务人员认证的预计资产负债表；

(二) 如果申请者是另一个实体的子公司，则应提交该实体的上述财务报表副本以及该实体按照国际公认会计惯例所作，并由具有适当资格的公共会计师事务所核证的，关于申请者将有执行勘探工作计划的财政资源的说明；

(三) 如果申请者为一个国家或一家国营企业所控制，则应提交该国或国营企业证明申请者将有执行勘探工作计划的财政资源的说明。

22. 如果打算以贷款方式筹措提议的勘探工作计划的经费，则应附上一份说明，写明贷款额、偿还期和利率。

23. 附上足够的资料，使理事会能确定申请者是否有技术能力执行提议的勘探工作计划，包括：

(a) 关于申请者与提议的勘探工作计划相关的经验、知识、技能、技术资格和专长的一般说明；

(b) 关于预期将用于执行提议的勘探工作计划的设备和方法的一般说明，以及关于这些技术的特点的其他非专有性相关资料；

(c) 关于申请者应付对海洋环境造成严重损害的事故或活动的财政和技术能力的一般说明。

第四节
勘探工作计划

24. 附上下列与勘探工作计划有关的资料：

(a) 关于提议的勘探方案的一般说明和时间表，包括未来五年的活动方案，例如对勘探时必须考虑的环境、技术、经济和其他有关因素进行的研究；

(b) 关于按照本规章及管理局制定的任何环境规则、规章和程序进行的海洋学和环境基线研究方案的说明，这些研究是为了能够根据法律和技术委员会提出的建议，评估提议的勘探活动对环境的潜在影响，包括但不限于对生物多样性的影响；

(c) 关于提议的勘探活动可能对海洋环境造成的影响的初步评估；

(d) 关于为防止、减少和控制对海洋环境的污染和其他危害，以及可能造成的影响而提议的措施的说明；

(e) 未来五年活动方案的预期年度支出表。

第五节
承诺

25. 附上一份书面承诺，表示申请者将：

(a) 同意因《公约》的规定，管理局的规则、规章和程序，管理局各相关机关的决定及申请者同管理局所订合同的条款而产生的适用义务是可执行的，并将予以履行；

(b) 接受管理局根据《公约》授权对"区域"内活动进行控制；

(c) 向管理局提出书面保证，表示将诚意履行合同规定的义务。

第六节
以前订立的合同

26. 申请者以前是否获得过管理局颁发任何合同？如果申请者是联合安排中由实体组成的合伙企业或联营企业，合伙者或联营者以前是否获得过管理局颁发任何合同？

27. 如果对第 26 项回答"是"，申请书必须包括：

(a) 以前订立合同的日期；

(b) 就有关合同向管理局提交的每一份报告的日期、编号和标题；和

(c) 已终止合同的合同终止日期。

第七节

附件

28. 列出本申请书的所有附录和附件 (所有数据和资料应以硬拷贝和管理局指定的数字格式提交)：

日期： _____   _____

申请者指定代表签名

证明：

_____

证明人签名

_____

证明人姓名

_____

证明人职衔

附件 3

勘探合同

本合同由国际海底管理局(以下称"管理局")和＿＿＿＿＿＿＿(以下称"承包者")通过双方各自的代表,管理局秘书长和＿＿＿＿于＿＿＿年＿＿月＿＿日签订,兹协议如下:

条款的并入

A.　《"区域"内多金属硫化物探矿和勘探规章》附件 4 所载的标准条款应并入本合同内,并应具有相当于在本合同内详细载列的效力。

勘探区域

B.　为本合同的目的,"勘探区域"是指本合同附件 1 的坐标表所界定,分配给承包者勘探的那部分"区域",该部分的范围按照标准条款和《规章》的规定分阶段予以缩小。

权利的授予

C.　考虑到:

(1)　双方都有兴趣根据《公约》和《协定》在勘探区域进行勘探活动;

(2)　管理局有责任组织和控制"区域"内活动,特别是为了依照《公约》第十一部分和《协定》及《公约》第十二部分的规定分别制定的法律制度管理"区域"的资源;和

(3)　承包者有兴趣在勘探区域进行活动并为此作出财政承诺,以及双方在此订立的契约,

管理局特此授予承包者专属权利,依照本合同的条款和条件对勘探区域内的多金属硫化物进行勘探。

生效和合同期限

D.　本合同应在双方签署后生效,并在不违反标准条款的情况下,应在签署后连续生效十五年,除非:

(1)　承包者获得在勘探区域进行开发的合同,而且该合同在上述十五年期限届满之前生效;或

(2)　合同在期限届满之前终止,

但合同的期限可根据标准条款第 3.2 节和第 17.2 节的规定予以延长。

附件

E.   标准条款第 4 节和第 8 节所述的附件在本合同中分别为附件 2 和附件 3。

全部协定

F.   本合同为当事方之间的全部协定，不得以任何口头谅解或前订文书修改其中的条款。

下列签署人，经各自一方正式授权，于＿＿＿＿年＿＿月＿＿日在＿＿＿＿签署本合同，以资证明。

附件 1
[勘探区域的坐标和示意图]

附件 2
[不时修订的现行五年活动方案]

附件 3
[管理局按照标准条款第 8 节核准训练方案后，训练方案应成为合同的一个附件。]

附件 4

勘探合同的标准条款

第 1 节
定义

1.1 在下列条款内:

(a) "勘探区域"是指本合同附件 1 所述,分配给承包者勘探的那部分"区域",该部分的范围可按照本合同和《规章》的规定分阶段予以缩小;

(b) "活动方案"是指载于本合同附件 2 的工作方案,该工作方案可不时依照本合同第 4.3 和第 4.4 节的规定予以调整;

(c) "《规章》"是指管理局通过的《"区域"内多金属硫化物探矿和勘探规章》。

1.2 《规章》界定的用语和短语在本标准条款内具有相同涵义。

1.3 《关于执行 1982 年 12 月 10 日〈联合国海洋法公约〉第十一部分的协定》规定,其条款及《公约》第十一部分应作为一个单一文书来解释和适用;本合同和本合同中提及《公约》的条款应相应地加以解释和适用。

1.4 本合同包括本合同各附件,这些附件为本合同的组成部分。

第 2 节
使用权的保障

2.1 承包者应享有使用权的保障,而且除本合同第 20、21 和 24 节规定的情况外,不得中止、终止或修改本合同。

2.2 承包者应享有依照本合同的条款和条件,对勘探区域内的多金属硫化物进行勘探的专属权利。管理局应确保在勘探区域内勘探不同类别资源的任何其他实体在作业时不致不合理地干扰该承包者的作业。

2.3 承包者向管理局发出通知后,有权随时放弃其在勘探区域的所有或部分权利而不受罚,但该承包者仍须对宣布放弃之日以前就所放弃区域所产生的所有义务承担责任。

2.4 除本合同明确授予的权利以外,本合同未授予承包者任何其他权利。管理局保留在本合同所述区域内与第三方订立涉及多金属硫化物以外资源的合同的权利。

第 3 节

合同期限

3.1 本合同应在双方签署后生效，并且应在签署后连续生效十五年，除非：

（a） 承包者获得在勘探区域进行开发的合同，而且该合同在上述十五年期限届满之前生效；或

（b） 合同在期限届满之前终止，

但合同的期限可依照本合同第3.2节和第17.2节的规定予以延长。

3.2 如果承包者至迟于本合同到期之前六个月提出申请，则本合同可予延长，每次延长期限不得超过五年，而且须以管理局和承包者届时根据《规章》商定的条款为准。如果承包者已作出真诚努力遵守本合同的各项要求，但由于承包者无法控制的原因而不能完成进入开发阶段的必要准备工作，或者在当时的经济环境下没有理由进入开发阶段，则此种延长应获核准。

3.3 尽管根据本合同第 3.1 节规定本合同已到期，如承包者在期满之日 90 天前申请开发合同，则本合同规定的承包者权利和义务应予继续，直至审议申请、颁发或拒发开发合同时为止。

第 4 节

勘探

4.1 承包者应按照本合同附件 2 所列活动方案规定的时间表开始勘探，并应遵守本合同所规定的时限或对时限所作的任何修改。

4.2 承包者应执行本合同附件 2 所述的活动方案。承包者进行这些活动时，每一合同年度内所花的实际和直接勘探费用应不少于该方案所规定的数额，或对方案进行审查后议定的数额。

4.3 承包者经管理局同意，可不时根据采矿业的良好做法，并参考多金属硫化物所含金属的市场状况和其他相关的全球经济状况，对活动方案及其中所列支出数额作必要和谨慎的调整。管理局不应不合理地拒绝给予同意。

4.4 承包者和秘书长至迟应在本合同根据合同第 3 节生效之日开始的每一个五年届满之前 90 天，共同对根据本合同执行勘探工作计划的情况进行审查。秘书长可视需要要求承包者提交此审查所需的进一步数据和资料。承包者应参照审查结果，说明其下一个五年的活动方案，包括列出预计每年开支的订正表，对其上一个活动方案作出必要的调整。本合同附件 2 应作相应调整。

第 5 节
环境监测

5.1 承包者应在合理可能的范围内采取预防做法和最佳环境做法,采取必要措施,防止、减少和控制其"区域"内活动对海洋环境造成的污染和其他危害。

5.2 在开始勘探活动之前,承包者应向管理局提交:

(a) 一份关于拟议活动对海洋环境潜在影响的评估书;

(b) 一份用于确定拟议活动对海洋环境潜在影响的监测方案建议书;和

(c) 可用于制订环境基线,以评估拟议活动影响的数据。

5.3 承包者应依照《规章》的规定,随着勘探活动的不断深入和发展,收集环境基线数据,并确定环境基线,供对比评估承包者的活动可能对海洋环境造成的影响。

5.4 承包者应依照《规章》的规定,制订和执行关于监测和报告对海洋环境的影响的方案。承包者应与管理局合作实施此监测。

5.5 承包者应于每一日历年结束后 90 天内向秘书长报告本合同第 5.4 节所述监测方案的执行情况和结果,并应根据《规章》提交数据和资料。

第 6 节
应急计划和紧急情况

6.1 承包者在按照本合同开始其活动方案之前,应向秘书长提交一份能有效应付因承包者在勘探区域的海上活动而可能对海洋环境造成严重损害或带来严重损害威胁的事故的应急计划。这种应急计划应确定特别程序,并应规定备有足够和适当的设备,以应付此类事故,特别是应包括下列安排:

(a) 立即在勘探活动区域发出一般警报;

(b) 立即通知秘书长;

(c) 警告可能行将进入毗邻水域的船只;

(d) 不断向秘书长充分通报已经采取的紧急措施的细节和所需的进一步行动;

(e) 适当清除污染物质;

(f) 减少并在合理范围内尽可能防止对海洋环境造成严重损害,以及减轻此类影响;

(g) 在适当情况下,同管理局的其他承包者合作应付紧急情况;并

(h) 定期举行紧急情况演习。

6.2 承包者的活动如引起已经、正在或可能对海洋环境造成严重损害的事故，承包者应迅速向秘书长报告。每一报告应载列事故的详情，其中除其他外，应包括：

(a) 已受影响的或可以合理地预期会受影响的区域的坐标；

(b) 说明承包者正在采取什么行动来防止、控制、减轻和弥补对海洋环境造成或可能造成严重损害的情况；

(c) 说明承包者正在为监测事故对海洋环境的影响而采取的行动；和

(d) 秘书长在合理范围内可能要求提供的补充资料。

6.3 承包者应遵从理事会和秘书长为了防止、控制、减轻或弥补对海洋环境造成或可能造成严重损害的情况而分别按照《规章》发布的紧急命令和指示立即采取的暂时性措施，包括可能要求承包者立即暂停或调整其在勘探区域内任何活动的命令。

6.4 如果承包者不迅速遵从这种紧急命令或立即采取暂时性措施，理事会可采取必要的合理措施，以防止、控制、减轻或弥补对海洋环境造成或可能造成严重损害的情况，费用由承包者承担。承包者应迅速向管理局偿还这种费用。这种费用不包括在根据本合同或《规章》对承包者课处的任何罚款之内。

第 7 节
具有考古或历史意义的遗骸、文物和遗址

在勘探区内发现任何具有考古或历史意义的遗骸或任何类似性质的文物或遗址时，承包者应立即将该事及发现的地点以书面方式通知秘书长，包括报告已采取的保全和保护措施。秘书长应将这些资料转交联合国教育、科学及文化组织总干事以及任何其他主管国际组织。在勘探区发现这种考古或历史意义的遗骸、文物或遗址后，为了避免扰动此类遗骸、文物或遗址，不得在一个合理范围内继续进行探矿或勘探，直至理事会在考虑联合国教育、科学及文化组织总干事以及任何其他主管国际组织的意见后做出决定。

第 8 节
训练

8.1 根据《规章》，承包者在按照本合同开始勘探之前，应把关于训练管理局和发展中国家人员的拟议训练方案提交管理局核准，其中包括让这些人员参与承包者按照本合同所从事的所有活动。

8.2 训练方案的范围和筹资办法应由承包者、管理局和担保国商订。

8.3 承包者应依照本合同第 8.1 节所述并经管理局根据《规章》核准的具体人员训练方案，实施训练方案。具体方案可不时加以修改和发展，并应作为附件 3 成为本合同的一部分。

第 9 节
账簿和记录

承包者应按照国际公认会计原则保存完整和正确的账簿、账目和财务记录。保存的账簿、账目和财务记录应包括充分披露实际和直接支出的勘探费用的资料和有助于切实审计这些费用的其他资料。

第 10 节
年度报告

10.1　承包者应于每一日历年结束后 90 天内，按照法律和技术委员会不时建议的格式，向秘书长提交一份报告，说明其在勘探区域的活动方案，并在适用时提供关于下列方面的详尽资料：

　　(a)　该日历年内进行勘探的工作，包括显示已进行工作和已取得结果的地图、海图和图表；

　　(b)　进行勘探工作所使用的设备，包括对拟议采矿技术进行测试的结果，但不包括设备的设计数据；和

　　(c)　训练方案的执行情况，包括对这类方案的任何拟议的修订或发展。

10.2　这种报告也应载列：

　　(a)　环境监测方案的结果，包括对各项环境参数的观察、测量、评价和分析；

　　(b)　一份列有作为样品或为测试目的回收的多金属硫化物数量的报表；

　　(c)　一份符合国际公认会计原则和经具有适当资格的公共会计师事务所核证的报表，或在承包者为国家和国营企业时经担保国核证的报表，其中载列承包者在其会计年度内为执行活动方案而实际和直接支出的勘探费用。承包者可将这些费用申报为承包者在开始商业生产前的部分开发成本；和

　　(d)　任何拟对活动方案作出调整的细节和作出这种调整的理由。

10.3　承包者还应按照秘书长不时提出的合理要求，提供更多资料以补充本合同第 10.1 节和第 10.2 节所述的报告，以便管理局根据《公约》、《规章》和本合同履行其职能。

10.4　对于在勘探期间取得的多金属硫化物样品和岩心，承包者应妥善保存一个具有代表性的部分，直至本合同期满为止。管理局可书面请求承包者将任何这种在勘探期间取得的样品和岩心的一部分送交管理局作分析之用。

10.5 承包者在提交年度报告之时须缴纳年度管理费47 000美元（或按本文件第10.6节另行确定的数额），用于支付管理局的合同管理和监督费用以及按本文件第10.1节提交的报告的审阅费用。

10.6 年度管理费的数额可由管理局修订，以反映其实际和合理产生的费用。[4]

第 11 节
合同期满时应提交的数据和资料

11.1 承包者应依照本节的规定，向管理局移交管理局对勘探区域有效行使权力和履行职能所必需和相关的一切数据和资料。

11.2 在本合同期满或终止时，尚未向秘书长提交下列数据和资料的承包者应向秘书长提交：

（a）承包者在执行活动方案期间获得的，并为管理局对勘探区域有效行使权力和履行职能所必需和相关的地质、环境、地球化学和地球物理数据的副本；

（b）确定可开采矿床后对这些矿床的估计，包括关于经证实的、推定的及可能的多金属硫化物储量的品位和数量以及预计采矿条件的细节；

（c）承包者编写或为承包者编写，并为管理局对勘探区域有效行使权力和履行职能所必需和相关的地质、技术、财务和经济报告的副本；

（d）进行勘探工作所使用设备的充分详细资料，包括对拟议采矿技术进行测试的结果，但不包括设备的设计数据；

（e）一份列有作为样品或为测试目的回收的多金属硫化物数量的报表；和

（f）一份关于岩心样品的保存方式和地点及可供管理局使用的方式的说明。

11.3 如果在本合同期满之前，承包者申请核准一项开发工作计划，则应向秘书长提交本合同第11.2节所述的数据和资料；或如果承包者放弃其在勘探区域内的权利，则本合同第11.2节所述的与被放弃区域有关的数据和资料也应提交秘书长。

第 12 节
机密性

依照本合同的规定提交管理局的数据和资料应按照《规章》规定视为机密处理。

---

[4] ISBA/19/A/12，2013 年 7 月 25 日，修訂。

第 13 节
承诺

13.1 承包者应依照本合同的条款和条件、《规章》、《公约》第十一部分、《协定》以及符合《公约》规定的其他国际法规则进行勘探。

13.2 承包者承诺:

(a) 同意本合同的条款是可执行的,并将予以遵守;

(b) 遵守《公约》的规定、管理局的规则、规章和程序及管理局相关机关的决定所产生的适用义务;

(c) 接受管理局根据《公约》授权对"区域"内活动进行控制;

(d) 诚意履行本合同规定的义务;和

(e) 在合理可行范围内遵从法律和技术委员会随时公布的建议。

13.3 承包者应以下述方式积极执行活动方案:

(a) 认真、高效和节省;

(b) 适当顾及其活动对海洋环境的影响;和

(c) 合理顾及海洋环境中的其他活动。

13.4 管理局承诺按照《公约》第一五七条诚意履行《公约》和《协定》规定的职权和职能。

第 14 节
检查

14.1 承包者应准许管理局派其检查员登临承包者用以在勘探区域内进行活动的船舶和设施,以便:

(a) 监测承包者对本合同的条款及《规章》的遵守情况;和

(b) 监测这些活动对海洋环境的影响。

14.2 秘书长应合理通知承包者,告知检查的预定时间和检查的时间长度,检查员的姓名,以及检查员准备进行、而且可能需要特别设备或者需要承包者的人员提供特别协助的活动。

14.3 检查员应有权检查任何船舶或设施,包括其航海日志、设备、记录、装备、所有其他已记录的数据以及为监测承包者的遵守情况而需要的任何相关文件。

14.4 承包者及其代理人和雇员应协助检查员履行其职务,并应:

(a) 接受检查员并方便检查员迅速而安全地登临船舶和设施;

(b) 对按照这些程序检查任何船舶或设施的活动给予合作和协助;

(c) 在任何合理的时间为接触船舶和设施上所有相关的设备、装备和人员提供便利;

(d) 在检查员履行职务时不加阻挠、恫吓或干预;

(e) 向检查员提供合理的便利,包括在适当情况下提供膳宿;和

(f) 方便检查员安全离船。

14.5　检查员应避免干扰承包者在所检查区域进行活动的船舶和设施上的安全和正常作业,并应按照《规章》和为保护数据和信息的机密性而采取的措施行事。

14.6　秘书长及经正式授权的秘书长代表为审计和检查目的,应可查阅承包者所有的任何必要和直接有关的账薄、凭单、文件和记录,以核实第 10.2(c)节所提及的费用。

14.7　需要采取行动时,秘书长应将检查员报告内的相关资料提供承包者及其担保国。

14.8　如果承包者以任何原因不开展勘探,并且不要求颁发开发合同,则应在撤出勘探区域之前向秘书长提出书面通知,以使管理局如作出决定,可按照本节规定进行检查。

第 15 节
安全、劳动及健康标准

15.1　承包者应遵守主管国际组织或外交大会所制定的关于海上人命安全和防止碰撞的公认国际规则和标准以及管理局可能通过的关于海上安全的规则、规章和程序。用于在"区域"内进行活动的每一船舶应持有按照这些国际规则和标准颁发的有效证件。

15.2　承包者在按照本合同进行勘探时,应奉行和遵守管理局可能通过的关于防止就业歧视、职业安全和健康、劳资关系、社会保障、就业保障和工作场所生活条件的规则、规章和程序。这些规则、规章和程序应考虑到国际劳工组织和其他主管国际组织的公约和建议。

第 16 节
责任

16.1　承包者应对其本身及其雇员、分包者、代理人及他们为根据本合同进行承包者的业务而雇用为他们工作或代他们行事的所有人员的不当作为或不作为所

造成的任何损害，包括对海洋环境的损害的实际数额负赔偿责任，其中包括为防止或限制对海洋环境造成损害而采取的合理措施的费用，但应考虑到管理局的共同作为或不作为。

16.2　对于第三方因承包者及其雇员、代理人和分包者及他们为根据本合同进行承包者的业务而雇用为他们工作或代他们行事的所有人员的任何不当作为或不作为而提出的一切主张和赔偿要求，承包者应使管理局及承包者的雇员、分包者和代理人免受损失。

16.3　管理局应对在履行其职权和职能时的不当作为，包括违反《公约》第一六八条第 2 款的行为所造成的任何损害的实际数额向承包者负赔偿责任，但应考虑到承包者、其雇员、代理人和分包者及他们为根据本合同进行承包者的业务而雇用为他们工作或代他们行事的所有人员的共同作为或不作为。

16.4　对于第三方因管理局在履行本合同规定的职权和职能时的任何不当作为或不作为，包括违反《公约》第一六八条第 2 款的行为而提出的一切主张和赔偿要求，管理局应使承包者、其雇员、分包者、代理人及他们为根据本合同进行承包者的业务而雇用为他们工作或代他们行事的所有人员免受损失。

16.5　承包者应按公认的国际海事惯例向国际公认的保险商适当投保。

第 17 节
不可抗力

17.1　承包者对因不可抗力而无法避免的延误或因而无法履行本合同所规定的任何义务不负赔偿责任。为本合同的目的，不可抗力指无法合理地要求承包者防止或控制的事件或情况；但这种事件或情况不应是疏忽或未遵守采矿业的良好做法所引起的。

17.2　本合同的履行如果因不可抗力受到延误，经承包者请求，承包者应获准展期，延展期间相当于履行被延误的时间，而本合同的期限也应相应延长。

17.3　发生不可抗力时，承包者应采取一切合理措施，克服无法履行的情况，尽少延误地遵守本合同的条款和条件。

17.4　承包者应合理地尽快将发生的不可抗力事件通知管理局，并应同样地将情况恢复正常的消息通知管理局。

第 18 节
免责条款

承包者或任何关联公司或分包者不得以任何明示或暗示的方式声称或表示，管理局或其任何官员对勘探区域内多金属硫化物持有任何意见或已表示任何意见。承包者、任何关联公司或任何分包者印发的，直接或间接提及本合同的任何计划书、通知、通告、广告、新闻稿或类似文件均不应登载或认可类似内容的声明。为本节的目的，"关联公司"是指控制承包者，或由承包者控制，或与承包者受共同控制的任何个人、商号或公司或国有实体。

第 19 节
放弃权利

承包者向管理局发出通知后，有权放弃其权利和终止本合同而不受罚，但承包者仍须对宣布放弃之日以前产生的所有义务和按照《规章》须在合同终止后履行的义务承担责任。

第 20 节
担保的终止

20.1　如果承包者国籍或控制权发生变化或《规章》所界定的承包者担保国终止其担保，承包者应从速通知管理局。

20.2　在上述任何一种情况下，如果承包者未能找到另一符合《规章》所定要求的担保国，在《规章》规定的时限内以规定的格式为承包者向管理局提交担保书，则本合同应即予终止。

第 21 节
合同的中止和终止及罚则

21.1　如果发生以下情况之一，理事会可以中止或终止合同，但不妨害管理局可能具有的任何其他权利：

(a)　虽经管理局书面警告，承包者仍然进行活动，以致造成一再故意严重违反本合同基本条款、《公约》第十一部分、《协定》和管理局的规则、规章和程序的结果；或

(b)　承包者不遵守对其适用的争端解决机构作出的有拘束力的终局裁判；或

(c)　承包者失去偿付能力，或采取破产行动，或与债权人达成任何清偿协议，或进行清算或被接管，无论是强制性还是自愿的，或根据任何现行或此后生效的破产法、无力偿债法或债务调整法向任何法庭申请指派管理人或其自己的托管人或管理人或展开任何与自己有关的法律程序，但为了改组的除外。

21.2　如第 17.1 节所述，由于不可抗力持续两年以上，承包者尽管已采取一切合理措施，克服无法履行的情况，尽少延误地履行和遵守本合同条款和条件，但仍无法履行本合同规定的义务，在这种情况下，理事会在须遵循第 17 节规定的条件下，与承包者协商后，可中止或终止合同，同时不妨害管理局可能具有的任何其他权利。

21.3 任何中止或终止应采用书面通知形式，通过秘书长发出，并应附上关于采取这一行动的理由的说明。中止或终止应于通知后的 60 天生效，除非承包者在此段时间内按照《公约》第十一部分第五节对管理局中止或终止本合同的权利提出异议。

21.4 如果承包者采取上述行动，本合同只可根据按照《公约》第十一部分第五节作出的有拘束力的终局裁判予以中止或终止。

21.5 如果理事会已经中止本合同，理事会可发出通知，要求承包者在通知后的 60 天内恢复其作业并遵守本合同的条款和条件。

21.6 对于本合同第 21.1(a)节未予规定的任何违反本合同的行为，或作为本合同第 21.1 节所规定的中止或终止的代替做法，理事会可对承包者课以与违约行为的严重性相称的罚款。

21.7 理事会不得执行涉及罚款的决定，除非承包者已有合理机会用尽根据《公约》第十一部分第五节可以使用的司法救济。

21.8 在本合同被终止或到期时，承包者应遵守《规章》，从勘探区域撤出所有设施、工厂、设备和材料，使该区成为安全区域，不会对人员、航运或对海洋环境构成危险。

第 22 节
权利和义务的转让

22.1 本合同规定的承包者权利和义务，须经管理局同意，并按照《规章》的规定，才可全部或部分转让。

22.2 如果拟议的受让者根据《规章》的规定是在所有方面都合格的申请者，并且承担承包者的一切义务，在转让没有向受让人让与一项《公约》附件三第六条第 3 款(c)项规定不得核准的工作计划的情况下，管理局不应不合理地拒绝同意转让。

22.3 本合同的条款、承诺和条件应对合同各方，及其各自的继承者和受让者生效，使他们从中受益并受其拘束。

第 23 节
不放弃权利

任何一方放弃因他方在履行本合同条款方面的一项违约行为而产生的权利，不应推定为该一方放弃权利，不追究他方随后在履行同一条款或任何其他条款方面的违约行为。

第 24 节
修改

24.1 如果已经发生或可能发生的情况使管理局或承包者认为将使本合同有失公允，或使本合同或《公约》第十一部分和《协定》所订的目标无法或不可能实现，双方应进行谈判，对合同作出相应的修改。

24.2 承包者和管理局也可以协议修改本合同，以便利执行管理局在本合同生效以后通过的任何规则、规章和程序。

24.3 本合同的变更、修正或改动，须得到承包者和管理局的同意，以经由双方授权的代表签署的适当文书为之。

第 25 节
争端

25.1 双方关于本合同的解释或适用的争端应依照《公约》第十一部分第五节的规定解决。

25.2 依照《公约》附件三第二十一条第二款的规定，根据《公约》具有管辖权的法院或法庭就管理局和承包者的权利和义务作出的任何终局裁判，在《公约》任一受影响的缔约国境内均应予以执行。

第 26 节
通知

26.1 与本合同有关的任何申请书、请求、通知、报告、同意书、批准书、放弃权利声明、指令或指示应按情况由秘书长或由承包者的指定代表以书面作出。应以专人手递、电报、传真、挂号航空邮件或带有授权签字的电子邮件方式送达管理局总部交秘书长或送达指定的代表。以带有数字签字的电子文件提供信息，可满足本规章关于以书面形式提供一切信息的规定。

26.2 任何一方都有权将任何地址更改为任何其他地址，但应至少提前十天向他方发出通知。

26.3 专人手递的，于送达时生效。以电报传送的，于发送者电报机显示"回答"之日的下一个办公日视为生效。以传真传送的，于传真机收到"发送证实报告"证实已向收件者的公开传真号码发送传真时生效。以挂号航空信件发出的，于寄出21 天之后视为生效。电子文件，在其进入收件人为接收所发此类文件而指定或使用的信息系统，并可以由收件人取用和处理时，视为被收件人收到。

10-63719 (C)

26.4　就本合同的所有目的而言，向承包者的指定代表发出的通知，构成给承包者的有效通知，而且在任何具有管辖权的法院或法庭的任何程序中，被指定代表为接收送达的传票或通知的承包者代理人。

26.5　就本合同的所有目的而言，发给秘书长的通知构成给管理局的有效通知，而且在任何具有管辖权的法院和法庭的诉讼程序中，秘书长为接收送达的传票或通知的管理局代理人。

第 27 节
适用的法律

27.1　本合同应按照本合同的条款、管理局的规则、规章和程序、《公约》第十一部分、《协定》以及与《公约》不相抵触的其他国际法规则确定。

27.2　承包者、其雇员、分包者、代理人及他们为根据本合同进行承包者的业务而雇用为他们工作或代他们行事的所有人员，应遵守本合同第 27.1 节所提到的适用的法律，并且不应直接或间接地从事适用的法律禁止的任何交易。

27.3　本合同任何条款不得被视为不必为按照本合同进行的任何活动申请和取得可能需要的任何执照或授权。

第 28 节
解释

本合同分成若干节和分节，另加上标题，仅为了便于参考，不应影响对合同的解释。

第 29 节
其他文件

为实施本合同的规定，本合同每一当事方同意签署和递送所有必要的进一步文书，并采取和履行所有必要或恰当的进一步行动和事务。

大　会

Distr.: General
22 October 2012
Chinese
Original: English

第十八届会议

2012 年 7 月 16 日至 27 日

牙买加金斯敦

国际海底管理局大会关于《"区域"内富钴铁锰结壳探矿和勘探规章》的决定

国际海底管理局大会,

审议了理事会在 2012 年 7 月 26 日第 181 次会议上暂时通过的《"区域"内富钴铁锰结壳探矿和勘探规章》,

核准了本决定附件所载之《"区域"内富钴铁锰结壳探矿和勘探规章》。

2012 年 7 月 27 日
第 138 次会议。

请回收

附件

《"区域"内富钴铁锰结壳探矿和勘探规章》

序言

1982 年 12 月 10 日《联合国海洋法公约》(《公约》)规定,国家管辖范围以外的海床和洋底及其底土以及该区域的资源为人类的共同继承财产,其勘探与开发应为全人类的利益而进行。国际海底管理局代表全人类行事。本套规章旨在规定富钴铁锰结壳的探矿和勘探活动。

第一部分
导言

第 1 条
用语和范围

1.   《公约》用语在本规章内涵义相同。

2.   《关于执行 1982 年 12 月 10 日〈联合国海洋法公约〉第十一部分的协定》(《协定》)规定,《协定》的条款及《公约》第十一部分应作为一个单一文书来解释和适用。本规章和本规章中提及《公约》的条款应相应地加以解释和适用。

3.   为本规章的目的:

(a)   "钴结壳"是指从海水直接析出的矿物沉降到硬基岩而形成的富钴铁锰氢氧化/氧化矿床,其中含有少量但明显富集的钴、钛、镍、铂、钼、碲、铈、其他金属和稀土元素;

(b)   "开发"是指在"区域"内为商业目的回收钴结壳和从中选取矿物,包括建设和运作和供生产和销售金属之用的采矿、加工和运输系统;

(c)   "勘探"是指以专属权利在"区域"内探寻钴结壳矿床,分析这些矿床,使用并测试采集系统和设备、加工设施及运输系统,以及对开发时必须考虑的环境、技术、经济、商业和其他有关因素进行研究;

(d)   "海洋环境"包括影响和决定海洋生态系统、海洋水域及这些水域的上空以及海床和洋底及其底土的生产力、状态、状况和素质的物理、化学、地质和生物的组成部分、条件和因素;

(e)   "探矿"是指在不享有任何专属权利的情况下,在"区域"内探寻钴结壳矿床,包括估计钴结壳矿床的成分、规模和分布情况及其经济价值;

(f)   "对海洋环境造成严重损害"是指"区域"内活动造成的任何使海洋环境出现显著不良变化的影响,这种影响是按照管理局根据国际公认标准和惯例所控制的规则、规章和程序断定的。

4. 本规章不影响按照《公约》第八十七条进行科学研究的自由，或是按照《公约》第一四三条和第二五六条在"区域"内进行海洋科学研究的权利。本规章的任何条款不应理解为限制各国行使《公约》第八十七条所述的公海自由。

5. 本规章可以以其他的，特别是关于保护和保全海洋环境的。本规章应符合《公约》和《协定》的规定及与《公约》无抵触的其他国际法规则。

第二部分
探矿

第2条
探矿

1. 探矿应按照《公约》和本规章进行，并须经秘书长告知探矿者，其通知已按照第4条第2款记录在案后方可开始。

2. 探矿者和管理局应采用《关于环境与发展的里约宣言》原则15所反映的预防做法。[1]

3. 实质证据显示可能对海洋环境造成严重损害时，不得进行探矿。

4. 不得在一项核准的钴结壳勘探工作计划所包括的区域或在保留区内进行探矿；亦不得在国际海底管理局理事会因有对海洋环境造成严重损害的危险而不核准开发的区域内进行探矿。

5. 探矿不应使探矿者取得对资源的任何权利。但是，探矿者可回收试验所需的合理数量的矿物，但不得用于商业用途。

6. 探矿没有时间限制，但是探矿者如收到秘书长的书面通知，表示已就某一特定区域核准勘探工作计划，则应停止在该区域的探矿活动。

7. 一个以上的探矿者可在同一个或几个区域内同时进行探矿。

第3条
探矿通知

1. 有意探矿者应将其进行探矿的意向通知管理局。

2. 每份探矿通知应以本规章附件一规定的格式提交秘书长，并应符合本规章的要求。

3. 每份通知的提交方式如下：

(a) 国家的通知，由其为此目的指定的机构提交；

---

[1] 《联合国环境与发展会议的报告(1992年6月3日至14日，里约热内卢)》(联合国出版物，出售品编号C.93.I.8和更正)，第1卷：《环发会议通过的决议》，决议1，附件一。

(b) 实体的通知，由其指定代表提交；

(c) 企业部的通知，由其主管机构提交。

4. 通知应以管理局的一种语文提出，并应载有：

(a) 有意探矿者及其指定代表的名称、国籍和地址；

(b) 符合管理局采用的最新公认国际标准，关于准备进行探矿的一个或多个大致区域的坐标；

(c) 对探矿方案的一般说明，包括拟议的开始日期和估计所需时间；

(d) 令人满意的书面承诺，表示有意探矿者将：

㈠ 遵守《公约》和管理局有关下列事项的相关规则、规章和程序：

　　a. 合作进行《公约》第一四三条和第一四四条所述的海洋科学研究和技术转让方面的训练方案；和

　　b. 保护和保全海洋环境；

㈡ 接受管理局对遵守承诺情况的查核；和

㈢ 在实际可行的情况下，尽量向管理局提供保护和保全海洋环境的相关数据。

第 4 条
对通知的审理

1. 秘书长应书面确认收到根据第 3 条提交的每份通知，并注明收件日期。

2. 秘书长应在收到通知后 45 天内对通知进行审查并采取行动。如果通知符合《公约》和本规章的要求，秘书长应将通知的细节记入为此目的置备的登记册，并书面告知探矿者，通知已记录在案。

3. 如果通知涵盖某一已核准的勘探或开发任一资源的工作计划所包括区域的任何部分，或某一保留区的任何部分，或理事会因有对海洋环境造成严重损害的危险而不核准开发的区域的任何部分，或者书面承诺不能令人满意，秘书长应在收到通知后 45 天内书面告知有意探矿者，并应书面向有意探矿者说明理由。在这种情况下，有意探矿者可以在 90 天内提交修正的通知。秘书长应在 45 天内对修正的通知进行审查并采取行动。

4. 通知内的任何资料有变，探矿者应书面通告秘书长。

5. 秘书长不应披露通知中的任何细节，除非探矿者书面表示同意。但秘书长应不时将探矿者的身份和正在进行探矿的大概区域位置告知管理局所有成员。

第 5 条
在探矿过程中保护和保全海洋环境

　　1.　各探矿者应采用预防做法和最佳环境做法，在合理的可能范围内采取必要措施，防止、减少和控制探矿活动对海洋环境的污染及其他危害。各探矿者尤应尽量减少或消除：

　　(a) 探矿活动对环境的不良影响；和

　　(b) 对正在进行或计划进行的海洋科学研究活动造成的实际或潜在冲突或干扰，并在这方面依照今后的相关准则行事。

　　2.　探矿者应同管理局合作，制订并实施方案，监测和评价钴结壳的勘探和开发可能对海洋环境造成的影响。

　　3.　探矿活动引发的任何事故如已经、正在或可能对海洋环境造成严重损害，探矿者应采用最有效的手段，立即以书面形式通知秘书长。接到这一通知后，秘书长即应依照第 35 条的规定行事。

第 6 条
年度报告

　　1.　探矿者应在每一旦历年结束后 90 天内，向管理局提出有关探矿情况的报告。秘书长应将报告提交法律和技术委员会。每份报告应载列：

　　(a) 关于探矿情况和所获得结果的一般性说明；

　　(b) 关于第 3 条第 4 款(d)项所述承诺遵守情况的资料；和

　　(c) 关于这方面的相关准则的遵守情况的资料。

　　2.　如果探矿者打算把探矿所涉费用申报为开始商业生产前的部分开发成本，探矿者应就其进行探矿活动所支付的实际和直接费用提交符合国际公认会计原则并由合格的公共会计师事务所核证的年度报表。

第 7 条
年度报告内的探矿数据和资料的机密性

　　1.　秘书长应比照适用第 38 条和第 39 条的规定，确保根据第 6 条所提交报告内的所有数据和资料的机密性，但有关海洋环境保护和保全的数据和资料，特别是源自环境监测方案的数据和资料，不应被视为机密资料。探矿者可要求有关数据自提交之日起最多三年内不予披露。

　　2.　秘书长经有关的探矿者同意，可随时公布关于某一已提交通知的区域的探矿数据和资料。如果秘书长经过至少两年的合理努力后断定探矿者不复存在或下落不明，秘书长可公布这种数据和资料。

第 8 条
考古或历史文物

在"区域"内发现任何实际或可能的考古或历史文物，探矿者应立即将此事及发现的地点以书面方式通知秘书长。秘书长应将这些资料转交联合国教育、科学及文化组织总干事。

第三部分
请求核准合同形式的勘探工作计划的申请

第 1 节
一般规定

第 9 条
通则

在符合《公约》各项规定的情况下，下列各方可向管理局申请核准勘探工作计划：

(a) 企业部以自己的名义，或作为一项联合安排的参与方；

(b) 缔约国、国营企业，或具有缔约国国籍或在这些国家或其国民有效控制下并由这些国家担保的自然人或法人，或符合本规章规定的上述各方的任何组合。

第 2 节
申请书的内容

第 10 条
申请书的格式

1. 每一份请求核准勘探工作计划的申请书，应以本规章附件二规定的格式提交秘书长，并应符合本规章的要求。

2. 申请书的提交方式如下：

(a) 缔约国的申请书，由其为此目的指定的机构提交；

(b) 实体的申请书，由其指定代表或担保国为此目的指定的机构提交；和

(c) 企业部的申请书，由其主管机构提交。

3. 国营企业或第 9 条(b)项所述实体的每一份申请书还应包括：

(a) 足以确定申请者国籍，或申请者由其或其国民有效控制的国家的身份的资料；和

(b) 申请者的主要营业地点或住所和在适当时其注册地点。

4. 由实体组成的合伙企业或联营企业所提交的每一份申请书应载有关于每一个合伙者或联营者的所需资料。

第 11 条
担保书

1. 国营企业或第 9 条(b)项所述实体的每一份申请书，应附有申请者为其国民或受该国或该国国民有效控制的国家开具的担保书。如果申请者具有一个以上国籍，例如由多个国家的实体组成的合伙企业或联营企业，则所涉每一国家均应出具担保书。

2. 如果申请者具有一国国籍，但受另一国或其国民的有效控制，则所涉每一国家均应出具担保书。

3. 每一份担保书应以提交该担保书的国家名义正式签署，并应载有：

(a) 申请者名称；

(b) 担保国国名；

(c) 一份陈述，声明申请者是：

(一) 担保国国民；或

(二) 受担保国或其国民的有效控制；

(d) 担保国的陈述，表示该国担保该申请者；

(e) 担保国交存《公约》批准书、加入书或继承书的日期；

(f) 担保国按照《公约》第一三九条、第一五三条第 4 款和附件三第四条第 4 款承担责任的声明。

4. 与企业部订立联合安排的国家或实体也应遵守本条的规定。

第 12 条
申请书涵盖的总区域

1. 为本规章的目的，"钴结壳区块"是指管理局规定的一个或多个网格单元，形状可为正方形或长方形，面积不超过 20 平方公里。

2. 每一份请求核准勘探钴结壳工作计划的申请书所包括的区域，由不超过 150 个钴结壳区块组成，这些区块应由申请者按照下文第 3 款所述排列为组群。

3. 五个毗连钴结壳区块构成一个钴结壳区块组群。在任何一点相接触的两个钴结壳区块应视为毗连区块。钴结壳区块组群不一定毗连但须邻近，且完全局限在一个不超过 550 公里 X550 公里的地理区域内。

4.   虽有上文第 2 款的规定,如果申请者选择依照第 17 条的规定提供一个保留区,以根据《公约》附件三第九条开展活动,则申请书涵盖的总区域不应超过 300 个钴结壳区块。这些区块应排列成两组,每组具有相等估计商业价值,每组钴结壳区块均应由申请者按照上文第 3 款所述排列为组群。

第 13 条
财政和技术能力

1.   每一份请求核准勘探工作计划的申请书,应载有足够的具体资料,使理事会能够确定申请者是否有财政和技术能力执行提议的勘探工作计划和履行其对管理局的财政义务。

2.   企业部提出的请求核准勘探工作计划的申请书应附有其主管机构的声明,证明企业部拥有所需财政资源承付提议的勘探工作计划的估计费用。

3.   国家或国营企业提出的请求核准勘探工作计划的申请书应附有该国或担保国的声明,证明申请者拥有所需的财政资源承付提议的勘探工作计划的估计费用。

4.   实体提出的请求核准勘探工作计划的申请书应附有其最近三年符合国际公认会计原则并由合格的公共会计师事务所核证的经审计的财务报表的副本,包括资产负债表和损益表的副本。

5.   如果申请者是新组成的实体,尚没有经核证的资产负债表,则申请书中应有经申请者的适当人员认证的预计资产负债表。

6.   如果申请者是另一个实体的子公司,则申请书中应有该实体的上述财务报表副本,以及符合国际公认会计原则并由合格的公共会计师事务所核证的该实体证明申请者将有执行勘探工作计划的财政资源的声明。

7.   如果申请者受一个国家或国营企业控制,则申请书中应有该国或国营企业证明申请者将有执行勘探工作计划的财政资源的声明。

8.   如果争取勘探工作计划获得核准的申请者打算以贷款筹措提议的勘探工作计划的经费,其申请书应写明贷款额、偿还期和利率。

9.   每一份申请书应附有:

(a)   关于申请者与提议的勘探工作计划相关的先前经验、知识、技能、技术资格和专长的一般说明;

(b)   关于预期用来执行提议的勘探工作计划的设备和方法的一般说明,以及关于这些技术的特点的其他非专有性相关资料;

(c)   关于申请者处理对海洋环境造成严重损害的事故或活动的财政和技术能力的一般说明。

10. 如果申请者是联合安排中由实体组成的合伙企业或联营企业，则各合伙者或联营者均应提供本条所要求的资料。

第 14 条
以前同管理局订立的合同

如果申请者，或在申请是联合安排中由实体组成的合伙企业或联营企业提出时，任何合伙者或联营者，以前曾同管理局订立任何合同，则申请书应载列：

(a) 以前订立合同的日期；

(b) 就有关合同向管理局提交的每一份报告的日期、编号和标题；和

(c) 已终止合同的合同终止日期。

第 15 条
承诺

作为请求核准勘探工作计划的申请书的一部分，各申请者，包括企业部在内，应向管理局作出下列书面承诺：

(a) 同意因《公约》的规定，管理局的规则、规章和程序，管理局各有关机关的决定及申请者同管理局所订合同的条款而产生的适用义务是可以执行的，并将予以履行；

(b) 接受管理局根据《公约》授权对"区域"内的活动进行控制；和

(c) 向管理局提出书面保证，表示将诚意履行合同规定的义务。

第 16 条
申请者选择提供保留区或提供在一个联合企业安排中的股份

每一申请者在申请书中应选择：

(a) 依照第 17 条的规定提供一个保留区，以根据《公约》附件三第九条开展活动；或

(b) 依照第 19 条的规定提供在一个联合企业安排中的股份。

第 17 条
在指定保留区以前应提交的数据和资料

1. 申请者如果选择提供一个保留区，以根据《公约》附件三第九条开展活动，申请书包括的区域应当足够大，有足够的估计商业价值，可供从事两起采矿作业，并应由申请者依照第 12 条第 4 款的规定予以组合。

2. 每一份此类申请书均应载有本规章附件二第二节所规定的关于申请所涉区域的足够数据和资料，使理事会能根据法律和技术委员会的建议，基于每一

部分的估计商业价值指定一个保留区。这些数据和资料应包括申请者可以得到的关于申请所涉区域两个部分的数据，包括用以确定其商业价值的数据。

3. 理事会根据申请者按照本规章附件二第二节的规定所提交，经断定为令人满意的数据和资料，并考虑到法律和技术委员会的建议，应指定申请区域中将来作为保留区的那一部分。一旦非保留区的勘探工作计划获得核准并签订合同，该指定区域即成为保留区。理事会如果断定需要其他符合本规章和附件二的资料来指定保留区，则应将此事退回委员会作进一步审议，并说明所需的进一步资料。

4. 在核准勘探工作计划并发出合同后，管理局可按照《公约》附件三第十四条第 3 款的规定，公布申请者就保留区移交管理局的数据和资料。

第 18 条
请求核准保留区的工作计划的申请书

1. 任何发展中国家，或该国所担保并受该国或任何其他发展中国家有效控制的任何自然人或法人，或上述各方的任何组合，可通知管理局它希望就某一保留区提出勘探工作计划。秘书长应将该通知转交企业部，企业部应在六个月内书面告知秘书长企业部是否打算在该区域进行活动。企业部如果打算在该区域进行活动，还应按照第 4 款书面告知原来在其请求核准勘探工作计划的申请书中包括该区域的承包者。

2. 如果企业部决定无意在某一保留区进行活动，或者在秘书长发出通知后六个月内既未决定是否打算在该区域进行活动，也未书面通知秘书长，说明企业部正在进行有关可能成立联合企业的谈判，即可随时提出请求核准关于该保留区的勘探工作计划的申请。就联合企业进行谈判时，自通知秘书长之日起企业部应有一年时间决定是否在该区域进行活动。

3. 如果企业部或某一发展中国家或第 1 款所述的一个实体，在企业部独立于管理局秘书处开始执行其职务后的 15 年内，或在将某一区域保留给管理局之日起的 15 年内(以较晚者为准)，没有提交请求核准在该保留区进行活动的勘探工作计划的申请书，则其请求核准勘探工作计划的申请书原来包括该区域的承包者应有权申请关于该区域的勘探工作计划，但须诚意提供机会让企业部参加为联合企业的合伙者。

4. 对于承包者的请求核准勘探工作计划的申请书所涵盖并经理事会指定为保留区的区域，承包者应有与企业部订立勘探该区域的联合企业安排的第一取舍权。

第 19 条
在一个联合企业安排中的股份

1. 申请者如果选择提供在一个联合企业安排中的股份，应依照第 20 条的规定提交数据和资料。分配给申请者的区域受第 27 条的规定限制。

2. 联合企业安排在申请者签订开发合同之时生效，其中应规定：

(a) 企业部根据下列规定，在联合企业安排中应获得至少 20%的参股：

㈠ 参股所得的一半股份应无偿获得，无须向申请者作出任何直接或间接支付，并在一切方面同申请者所持股份享有平等待遇；

㈡ 参股所得余下部分在一切方面同申请者所持股份享有平等待遇，但在申请者收回其对联合企业安排投入的全部股本之前，企业部不得就这部分分享任何利润；

(b) 虽有(a)项的规定，申请者应向企业部提供机会，使其可以在同申请者在一切方面享有平等待遇的基础上增加股份参与，增购30%联合企业安排的股份，或企业部可能选择的较小份额；[2]

(c) 除申请者和企业部的协定中另有具体规定外，企业部不因参股而有责任为联合企业安排或代表联合企业安排提供资金或信贷或作出担保或承担任何财务责任，也不得要求企业部增购股份，以维持企业部在联合企业安排中的参与比例。

第 20 条
须为核准勘探工作计划提交的数据和资料

1. 为了使合同形式的勘探工作计划获得核准，每一申请者应提交下列资料：

(a) 关于提议的勘探方案的一般说明和时间表，包括在未来五年的活动方案，例如对勘探时必须考虑的环境、技术、经济和其他有关因素进行的研究；

(b) 关于按照本规章及管理局制定的任何环境方面的规则、规章和程序进行的海洋学和环境基线研究方案的说明，以便能够考虑到法律和技术委员会提出的任何建议，评估提议的勘探活动对环境的潜在影响，包括但不限于对生物多样性的影响；

(c) 关于提议的勘探活动可能对海洋环境造成的影响的初步评估；

(d) 关于为防止、减少和控制对海洋环境的污染和其他危害，以及可能造成的影响而提议的措施的说明；

(e) 理事会根据第 13 条第 1 款作出决定所需的数据；和

(f) 未来五年活动方案的预期年度支出表。

2. 申请者如果选择提供一个保留区，则应当在理事会根据第 17 条第 3 款指定保留区后，向管理局移交与这些区域有关的数据和资料。

3. 申请者如果选择提供在一个联合企业安排中的股份，则应当在作出这一选择之时，向管理局移交与这些区域有关的数据和资料。

---

[2] 获取股份参与的条件需予进一步阐明。

第 3 节
规费

第 21 条
申请费

1.　请求核准钴结壳勘探工作计划的申请的处理费应为 50 万美元或等值可自由兑换货币的固定规费，在提交申请书时全额缴付。

2.　如果管理局处理申请书的行政费用低于上文第 1 款所述固定规费，管理局应将余额退还申请者。如果管理局处理申请书的行政费用高于上文第 1 款所述固定规费，申请者应将差额付给管理局，但申请者缴付的额外规费不应超过第 1 款所述固定规费的 10%。

3.　考虑到财务委员会为此制定的标准，秘书长应确定上文第 2 款所述差额，并将此数额通知申请者。通知中应说明管理局的支出。在下文第 25 条所述合同签署后三个月内申请者应支付或管理局应退还所欠数额。

4.　理事会应定期审查上文第 1 款所述固定规费，以确保该数额足以支付处理申请书的预期行政费用，并避免申请者必须按照上文第 2 款支付额外规费。

第 4 节
申请书的处理

第 22 条
申请书的收受、确认和妥善保管

秘书长应：

（a）在 30 天内书面确认收到根据本部分提交的每一份请求核准勘探工作计划的申请书，并注明收件日期；

（b）妥善保管申请书及其附文和附件，并确保申请书所载全部机密数据和资料的机密性；和

（c）通知管理局成员收到申请书，并向他们分发关于此申请书的一般性非机密资料。

第 23 条
法律和技术委员会的审议

1.　秘书长在收到请求核准勘探工作计划的申请书后，即应通知法律和技术委员会成员并将该申请书的审议作为一个项目列入委员会下一次会议议程。委员会应仅审议秘书长根据第 22 条(c)项的规定在委员会审议会议开始至少 30 天前已就其发出通知和资料的申请书。

2. 委员会应按收件的先后次序审查申请书。

3. 委员会应确定申请者是否:

(a) 遵守本规章的规定;

(b) 作出第 15 条所规定的承诺和保证;

(c) 具备执行提议的勘探工作计划的财务和技术能力,并提供了详细资料说明其迅速执行紧急命令的能力;和

(d) 已令人满意地履行了以前同管理局订立的任何合同的有关义务。

4. 委员会应根据本规章及其程序所列的要求,确定提议的勘探工作计划是否将:

(a) 有效地保护人体健康和安全;

(b) 有效地保护和保全海洋环境,包括但不限于对生物多样性的影响;

(c) 确保设施不坐落在可能干扰国际航行必经的公认航道的地点或坐落在捕鱼活动集中的区域。

5. 如果委员会根据第 3 款作出确定,并确定提议的勘探工作计划符合第 4 款的要求,委员会应建议理事会核准勘探工作计划。

6. 如果提议的勘探工作计划所涉区域的一部分或全部有下列情况,委员会不应建议核准该勘探工作计划:

(a) 包括在一项理事会已核准的钴结壳勘探工作计划内;或

(b) 包括在一项理事会已核准的其他资源勘探或开发工作计划内,如果提议的钴结壳勘探工作计划可能不当地干扰根据这一项已核准的其他资源工作计划所进行的活动;或

(c) 位于理事会因有实质证据显示存在对海洋环境造成严重损害的危险而不核准开发的一个区域内。

7. 委员会可以建议核准某一工作计划,如果它确定核准该计划不致使一个缔约国或由其担保的实体垄断"区域"内有关钴结壳的活动,或者排除其他缔约国在"区域"内开展有关钴结壳的活动。

8. 除企业部为其本身或某一联合企业提出的申请,及根据第 18 条提出的申请外,如果提议的勘探工作计划所涉区域的一部分或全部位于一个保留区或位于理事会指定为保留区的区域以内,则委员会不得建议核准该勘探工作计划。

9. 委员会如果认为申请书不符合本规章规定,应通过秘书长书面通知申请者并说明其理由。申请者可以在这种通知发出后 45 天内修正其申请书。委员会如果在进一步审议后认为仍不应建议核准勘探工作计划,应将此意见通知申请

者，并给予申请者另一次机会，在通知后 30 天内提出其意见。委员会在拟定提交理事会的报告和建议时应考虑申请者所提意见。

10. 委员会在审议提议的勘探工作计划时，应考虑到《公约》第十一部分和附件三以及《协定》就"区域"内活动规定的原则、政策和目标。

11. 委员会应从速审议申请书，并应考虑到管理局会议的时间表，利用第一个可能的机会向理事会提交关于区域的指定和勘探工作计划的报告和建议。

12. 委员会在履行职责时，应无歧视地划一适用本规章及管理局的规则、规章和程序。

第 24 条
理事会对勘探工作计划的审议和核准

理事会应按照《协定》附件第 3 节第 11 和第 12 段的规定审议法律和技术委员会关于核准勘探工作计划的报告和建议。

第四部分
勘探合同

第 25 条
合同

1. 一项勘探工作计划经理事会核准后，应按本规章附件三的格式写成管理局与申请者之间的合同。每一项合同都应包括附件四中所列、自合同生效之日具有效力的标准条款。

2. 合同应由秘书长代表管理局与申请者签署。秘书长应将每一项合同的缔结书面通知管理局所有成员。

第 26 条
承包者的权利

1. 承包者对一项钴结壳勘探工作计划所涉区域享有专属勘探权。管理局应确保其他实体在同一区域就其他资源进行作业的方式不致干扰承包者的作业。

2. 持有一项已核准的勘探工作计划的承包者，只应在那些就同一区域和资源提出开发工作计划的各申请者中享有优惠和优先。在理事会对承包者发出书面通知，指出承包者未遵循经核准的勘探工作计划的具体要求后，如果承包者未能在通知规定的时限内依照勘探工作计划的要求行事，理事会可撤销这种优惠或优先。通知内规定的时限应当为合理的时限。在最后决定撤销这种优惠或优先以前，承包者应有合理机会提出意见。理事会应说明建议撤销优惠或优先的理由，并应考虑承包者的每项回应。理事会的决定应考虑承包者的上述回应并应以实质证据为基础。

3. 在撤销优惠或优先的决定正式生效以前，承包者应有合理机会用尽《公约》第十一部分第五节所规定的司法救济。

第 27 条
区域面积和放弃

1. 承包者应依照本条第 1 款的规定放弃已获分配的区域。拟放弃的区域不一定毗连，承包者应以小区块的形式界定此区域；小区块由管理局规定的一个或多个网格单元组成。在合同签订之日起第八年结束时，承包者应当已经放弃至少三分之一原获分配区域；在合同签订之日起第十年结束时，承包者应当已经放弃至少三分之二原获分配区域；或在合同签订之日起第十五年结束时，或在承包者申请开发权时（以较早者为准），承包者应在剩余的已获区域面积中指定一个区域，保留作开发之用。

2. 虽有第 1 款的规定，当放弃后剩余的原获分区域不超过 1 000 平方公里时，不得要求承包者放弃更多区域。

3. 承包者在任何时候都可以在第 1 款所列的时间表之前放弃部分原获分配区域。

4. 被放弃的区域将恢复为"区域"。

5. 理事会应承包者请求，可根据委员会的建议，在特殊情况下，将放弃时间表延迟。这种特殊情况应由理事会断定，除其他外，包括考虑当时的经济情况或在承包者的作业活动中出现的其他突发特殊情况。

第 28 条
合同期限

1. 核准的勘探工作计划的期限应为 15 年。勘探工作计划期满时，承包者应申请开发工作计划，除非承包者已经提出申请，或已获准延长勘探工作计划，或决定放弃其在勘探工作计划所涉区域的权利。

2. 在勘探工作计划期限届满前六个月，承包者可申请延长勘探工作计划，每次延长期限不得超过五年。如果承包者已作出真诚努力遵守工作计划的各项要求，但由于承包者无法控制的原因而不能完成进入开发阶段的必要准备工作，或者在当时的经济环境下没有理由进入开发阶段，则理事会应根据委员会建议核准这种延长。

第 29 条
训练

《公约》附件三第十五条规定，每一项合同都应以附件方式载有承包者与管理局和担保国合作拟订的训练管理局和发展中国家人员的实际方案。训练方案应着重有关进行勘探的训练，由上述人员充分参与合同所涉所有活动。这些训练方案可不时根据需要通过双方协议予以修改和制订。

第 30 条
对勘探工作计划执行情况的定期审查

1. 承包者和秘书长应每隔五年共同对勘探工作计划的执行情况进行定期审查。秘书长可要求承包者提交审查可能需要的进一步数据和资料。

2. 承包者应根据审查结果说明其下一个五年的活动方案，对其上一个活动方案作出必要的调整。

3. 秘书长应向委员会和理事会报告审查结果。秘书长应在报告中说明，审查是否考虑到《公约》缔约国就承包者履行本规章在保护和保全海洋环境方面对其规定的义务的方式向他转递的任何意见。

第 31 条
担保的终止

1. 每一承包者在整个合同期间应有规定的担保。

2. 一个国家如果终止其担保，应立即书面通知秘书长。担保国也应将终止担保的理由告知秘书长。担保的终止应在秘书长收到通知之日起六个月后生效，除非通知中设定一个较后的日期。

3. 如果担保终止，承包者应在第 2 款所述期间内找到另一担保国。该另一担保国应按照第 11 条提交担保书。如果未能在规定期间内找到担保国，合同应予终止。

4. 担保国在作为担保国期间承担的任何义务，不因担保终止而免除；担保终止也不应影响在担保期间产生的任何法律权利和义务。

5. 秘书长应将担保的终止或改变通知管理局成员。

第 32 条
责任

承包者和管理局应按照《公约》承担责任。在勘探阶段结束后，承包者应继续对其在作业过程中的不当行为所造成的任何损害，特别是对海洋环境造成的损害承担责任。

第五部分
保护和保全海洋环境

第 33 条
保护和保全海洋环境

1. 管理局应依照《公约》和《协定》的规定制订并定期审查环境规则、规章和程序，以确保有效保护海洋环境，使其免受"区域"内活动可能造成的有害影响。

2. 为了确保有效保护海洋环境,使其免受"区域"内活动可能造成的有害影响,管理局和担保国对这种活动应采取《里约宣言》原则 15 所反映的预防做法和最佳环境做法。

3. 法律和技术委员会应就上文第 1 和第 2 款的执行向理事会提出建议。

4. 委员会应制订并执行程序,以便根据现有最佳科学和技术信息,包括依照第 20 条规定提供的信息,确定"区域"内拟议的勘探活动是否会对脆弱的海洋生态系统,尤其是与海山和冷水珊瑚有关的海洋生态系统造成严重的有害影响,并确保,如果确定某些拟议的勘探活动会对脆弱海洋生态系统造成严重有害影响,则对这些活动加以管理以防出现此类影响或不核准从事这些活动。

5. 根据《公约》第一四五条和本条第 2 款,每一承包者应采用预防做法和最佳环境做法,尽量在合理的可能范围内采取必要措施防止、减少和控制其"区域"内活动对海洋环境造成的污染和其他危害。

6. 承包者、担保国和其他有关国家或实体应同管理局合作,制订并实施方案,监测和评价深海底采矿对海洋环境的影响。如理事会提出要求,此种方案应包括划出地区专门用作影响参照区和保全参照区的提议。"影响参照区"是指反映"区域"环境特性,用作评估"区域"内活动对海洋环境的影响的区域。"保全参照区"是指不应进行采矿以确保海底的生物群具有代表性和保持稳定,以便评估海洋环境生物多样性的任何变化的区域。

第 34 条
环境基线和监测

1. 每一合同应要求承包者参照法律和技术委员会根据第 41 条提出的建议,收集环境基线数据并确定环境基线,供对比评估其勘探工作计划所列的活动方案可能对海洋环境造成的影响,及要求承包者制订监测和报告这些影响的方案。委员会所提的建议除其他外,可列出据认为不具有对海洋环境造成有害影响的潜在可能的勘探活动。承包者应与管理局和担保国合作制订和执行这种监测方案。

2. 承包者应参照委员会根据第 41 条提出的建议,每年以书面方式向秘书长报告第 1 款所述监测方案的执行情况和结果,并提交数据和资料。秘书长应将上述报告送交委员会按照《公约》第一六五条加以审议。

第 35 条
紧急命令

1. 承包者应以最有效的手段,迅速向秘书长书面报告任何已经、正在或可能对海洋环境造成严重损害的活动引发的事故。

2. 如果秘书长接到承包者通知,或从其他来源获悉,承包者在"区域"内的活动引起或造成事故,已经对、正在或可能对海洋环境造成严重损害,秘书长应指示发出有关该事故的一般性通知,应书面通知承包者和担保国,并应立即向法律和技术委员会、理事会及管理局所有其他成员提出报告。报告应分送主管国际组织以及各有关的分区域、区域及全球性组织和机构。秘书长应监测所有这种事故的发展情况，并酌情向委员会、理事会及管理局所有其他成员提出有关报告。

3. 在理事会未采取任何行动之前，秘书长应立即采取一切合乎情况需要的实际而合理的临时措施，以防止、控制和减轻对海洋环境的严重损害或可能的严重损害。上述临时措施应持续有效，但不超过 90 天，或者直到理事会在其下届常会或特别会议上根据本条第 6 款决定是否采取任何措施。

4. 委员会在接到秘书长的报告后，应根据所收到的证据，并考虑到承包者已采取的措施，确定需要采取什么措施来有效地应对事故，以防止、控制和减轻对海洋环境的严重损害或可能的严重损害，并应向理事会提出其建议。

5. 理事会应审议委员会的建议。

6. 理事会考虑到委员会的建议、秘书长的报告、承包者提交的任何资料及任何其他相关资料，可发布紧急命令，其中可包括暂停或调整作业的必要合理命令，以防止、控制和减轻"区域"内活动对海洋环境的严重损害或可能的严重损害。

7. 如果承包者不迅速遵从紧急命令，以防止、控制和减轻其"区域"内活动对海洋环境造成的严重损害或可能的严重损害，理事会应自行采取或同他方作出安排代表它采取必要的实际措施，以防止、控制和减轻这种对海洋环境的严重损害或可能的严重损害的情况。

8. 为了使理事会可以在必要时立即采取第 7 款所述的实际措施，防止、控制或减轻对海洋环境的严重损害或可能的严重损害，承包者在开始测试采集系统和进行加工作业以前，须向理事会保证承包者具有财政和技术能力，可迅速遵从紧急命令，或确保理事会可以采取这种紧急措施。如果承包者不向理事会提供上述保证，担保国应在秘书长提出请求后，根据《公约》第一三九条和第二三五条采取必要措施，确保承包者提供上述保证，或应采取措施确保向管理局提供协助，以便管理局执行第 7 款规定的职责。

第 36 条
沿海国的权利

1. 本规章不影响沿海国根据《公约》第一四二条和其他相关规定所享有的权利。

2. 任何沿海国如有理由认为承包者的任何"区域"内活动有可能对其管辖范围内或主权范围内的海洋环境造成严重损害或可能的严重损害，可书面通知秘书长，说明其看法依据的理由。秘书长应向承包者及其担保国提供合理的机会，审查沿海国作为其看法的根据而提出的任何证据。承包者及其担保国可在合理时间内向秘书长提出其对此的意见。

3. 如果有明确理由相信可能对海洋环境造成严重损害,秘书长应依照第 35 条的规定行事,并在必要时根据第 35 条第 3 款立即采取临时措施。

4. 承包者应采取一切必要措施,确保其进行的活动不会对沿海国管辖范围内或主权范围内的海洋环境造成严重损害,包括但不限于污染,并确保其勘探区内的事故或活动所引起的此类严重损害或污染不扩散至该区域之外。

第 37 条
具有考古或历史意义的遗骸、文物和遗址

在勘探区内发现任何具有考古或历史意义的遗骸或任何类似性质的文物或遗址时,承包者应立即将此事及发现的地点以书面方式通知秘书长,包括报告已采取的保全和保护措施。秘书长应立即将这些资料转交联合国教育、科学及文化组织总干事以及任何其他主管国际组织。在勘探区发现这种遗骸、文物或遗址后,为了避免扰动此类遗骸、文物或遗址,在理事会考虑到联合国教育、科学及文化组织总干事或任何其他主管国际组织的意见后另有决定之前,不得在一个合理范围内继续进行探矿或勘探。

第六部分
机密性

第 38 条
数据和资料的机密性

1. 按照本规章或按照根据本规章发给的合同提交或移交管理局或参与管理局的任何活动或方案的任何人的数据和资料,经承包者与秘书长协商指明属机密性质的,应视为具有机密性,但下述数据和资料不在此列:

(a) 众所周知或可从其他来源公开获取的;

(b) 所有人以前曾向对其不负保密义务的其他人提供的;或

(c) 管理局已掌握但对其保密义务的。

2. 管理局为制订关于保护和保全海洋环境及安全的规则、规章和程序而需要的数据和资料,除专利设备的设计数据外,不应视为具有机密性。

3. 唯有秘书长和经秘书长授权的秘书处工作人员,以及法律和技术委员会成员,可以在有效履行职权和职能的必要和相关范围内使用机密数据和资料。秘书长批准取用机密数据和资料,仅限于为履行秘书处工作人员职能和职责及法律和技术委员会职能和职责时有限度地加以使用。

4. 在机密数据和资料提交管理局之日起十年后或于勘探合同期满之后以较晚者为准,以及此后每隔五年,秘书长和承包者应审查这些数据和资料,以确定是否应保持其机密性。如果承包者确认公开数据和资料很可能造成重大和不公

平的经济损害，则应继续保持这些数据和资料的机密性。在承包者有合理机会用尽根据《公约》第十一部分第五节可以使用的所有司法救济之前，任何此种数据和资料均不得公开。

5.   在勘探合同期满后的任何时候，如果承包者就勘探区的任何部分订立开发合同，则与该部分地区有关的机密数据和资料应依照开发合同规定继续保密。

6.   承包者可随时放弃数据和资料的机密性。

第 39 条
确保机密性的程序

1.   秘书长应负责保持所有机密数据和资料的机密性，除事先征得承包者的书面同意外，不应向管理局外部任何人公布这些数据和资料。为确保这些数据和资料的机密性，秘书长应按照《公约》的规定制订程序，规范秘书处成员、法律和技术委员会成员以及参与管理局任何活动或方案的任何其他人对机密资料的处理。这种程序应包括：

(a)   在安全的设施内保存机密数据和资料，并制订安全程序，防止未经许可取用或移走这些数据和资料；

(b)   建立和维护一个分类、登记和编目系统，以记录所收到的所有书面数据和资料，包括其类型和来源以及从收到直至最终处置的收发日志。

2.   根据本规章有权取用机密数据和资料的人，除《公约》和本规章准许的情况外，不得泄露这些数据和资料。秘书长应规定，经授权可取用机密数据和资料的人须在秘书长或其指定代表见证下作出书面声明，表示获授权的人：

(a)   确认其根据《公约》和本规章，承担不泄露机密数据和资料的法律义务；

(b)   同意遵守为确保这些数据和资料的机密性而制定的适用规章和程序。

3.   法律和技术委员会应保护按照本规章或根据本规章发给的合同提交给委员会的数据和资料的机密性。《公约》第一六三条第 8 款规定，该委员会成员不应泄露工业秘密、按照《公约》附件三第十四条移交管理局的专有性数据，或因其在管理局任职而知悉的任何其他机密资料，即使在职务终止以后，也是如此。

4.   秘书长和管理局工作人员不应泄露任何工业秘密、按照《公约》附件三第十四条转交管理局的专有性数据，或因其在管理局所任职务而知悉的任何其他机密资料，即使在职务终止以后，也是如此。

5.   考虑到管理局根据《公约》附件三第二十二条所承担的责任，管理局得对任何因其在管理局所任职务而可接触任何机密数据和资料，但违反《公约》和本规章所规定保密义务的人采取适当的行动。

第七部分
一般程序

第 40 条
通知和一般程序

1. 与本规章有关的任何申请书、请求、通知、报告、同意书、批准书、放弃权利声明、指令或指示，应按情况由秘书长或由探矿者、申请者或承包者的指定代表以书面作成。应以专人手递、电报、传真或挂号航空邮件或带有经授权的电子签字的电子邮件送达管理局总部交秘书长或送达指定代表。

2. 专人手递的，于送达时生效。以电报传送的，于发送者电报机显示"回答"之日的下一个办公日视为生效。以传真传送的，于传真机收到"发送证实报告"证实已向收件者的公开传真号码发送传真时生效。以挂号航空信件发出的，于寄出21天之后视为生效。电子邮件，在其进入收件人为接收所发此类文件而指定或使用信息系统，并可以由收件人取用和处理时，视为被收件人收到。

3. 就本规章的所有目的而言，向探矿者、申请者或承包者指定的代表发出的通知，构成给探矿者、申请者或承包者的有效通知，而且在任何具有管辖权的法院或法庭的诉讼程序中，被指定的代表应为接收送达的传票或通知的探矿者、申请者或承包者的代理人。

4. 就本规章的所有目的而言，发给秘书长的通知构成给管理局的有效通知，而且在任何具有管辖权的法院或法庭的诉讼程序中，秘书长应为接收送达传票或通知的管理局代理人。

第 41 条
指导承包者的建议

1. 法律和技术委员会可以不时作出技术性或行政性建议指导承包者，协助承包者执行管理局的规则、规章和程序。

2. 此类建议的全部内容应报告理事会。理事会认为某一建议不符本规章的用意和宗旨时，可要求修改或撤回建议。

第八部分
解决争端

第 42 条
争端

1. 关于本规章的解释或适用的争端应按照《公约》第十一部分第五节的规定解决。

2. 根据《公约》具有管辖权的法院或法庭就管理局和承包者的权利和义务作出的任何终局裁判，在《公约》每一缔约国境内均可执行。

第九部分
钴结壳以外的其他资源

第 43 条
钴结壳以外的其他资源

如果探矿者或承包者在"区域"内发现钴结壳以外的其他资源，这些资源的探矿、勘探和开发应按照管理局根据《公约》和《协定》就这些资源制定的规则、规章和程序进行。探矿者或承包者应将其发现通知管理局。

第十部分
审查

第 44 条
审查

1.　大会核准《规章》五年后，或其后任何时间，理事会应对《规章》的实际运作情况进行审查。

2.　如果在知识增加或技术改进的情况下，《规章》显然不敷使用，则任何缔约国、法律和技术委员会或任何承包者通过其担保国随时可要求理事会考虑在理事会下届常会上修订《规章》。

3.　理事会可根据审查结果，考虑到法律和技术委员会或其他有关附属机构的建议，在大会予以核准前，通过并临时适用对《规章》条款的修正。任何修正均不得影响任何承包者按照这种修正时有效的《规章》签订的合同条款所享受的权利。

4.　如果对《规章》任何条款做出修正，承包者和管理局可按照附件四第 24 节修订合同。

附件一

从事探矿的意向通知

1. 探矿者名称:

2. 探矿者街道地址:

3. 邮政地址(如不同于上述地址):

4. 电话号码:

5. 传真号码:

6. 电子邮件地址:

7. 探矿者国籍:

8. 如果探矿者是法人:

   (a) 写明探矿者的注册地点;

   (b) 写明探矿者的主要营业地点/住所;

   (c) 附上探矿者的注册证书副本。

9. 探矿者指定代表的名称:

10. 探矿者指定代表的街道地址(如不同于上述地址):

11. 邮政地址(如不同于上述地址):

12. 电话号码:

13. 传真号码:

14. 电子邮件地址:

15. 附上准备进行探矿的一个或多个大致区域的坐标(以世界大地测量系统 WGS 84 为基准)。

16. 附上对探矿方案的一般说明,包括方案的开始日期和大致持续时间。

17. 附上探矿者对下列事项的书面承诺:

   (a) 遵守《公约》和管理局关于下列事项的相关规则、规章和程序:

   (一) 合作进行《公约》第一四三条和第一四四条所述的海洋科学研究和技术转让方面的训练方案;和

   (二) 保护和保全海洋环境;和

   (b) 接受管理局对遵守承诺情况的核查。

18. 在下面列出本通知的所有附录和附件(所有数据和资料应以硬拷贝和管理局指定的数字格式提交):

———————————   ———————————————
探矿者指定代表签名   日期:

证明:

———————————————
证明人签名

———————————————
证明人姓名

———————————————
证明人职衔

附件二

请求核准勘探工作计划以取得合同的申请书

第一节
申请者资料

1. 申请者名称：

2. 申请者街道地址：

3. 邮政地址(如不同于上述地址)：

4. 电话号码：

5. 传真号码：

6. 电子邮件地址：

7. 申请者指定代表的姓名：

8. 申请者指定代表的街道地址(如不同于上述地址)：

9. 邮政地址(如不同于上述地址)：

10. 电话号码：

11. 传真号码：

12. 电子邮件地址：

13. 如果申请者是法人：

    (a) 写明申请者的注册地点；

    (b) 写明申请者的主要营业地点/住所；

    (c) 附上申请者的注册证书副本。

14. 列出担保国。

15. 每一担保国须提供该国对 1982 年 12 月 10 日《联合国海洋法公约》的批准书、加入书或继承书的交存日期，及该国同意接受《关于执行〈公约〉第十一部分的协定》约束的日期。

16. 申请书须附有担保国开具的担保书。如果申请者具有一个以上国籍，例如由一个以上国家的实体组成的合伙企业或联营企业，则须附有所涉每一国家开具的担保书。

第二节
关于所申请区域的资料

17. 附上一张海图(比例尺和投影法由管理局具体规定)和一份(以世界大地测量系统 WGS 84 为基准的)地理坐标表,划定所申请区块的界限。

18. 说明申请者是选择依照《规章》第 17 条的规定提供一个保留区还是选择依照《规章》第 19 条的规定提供联合企业安排中的股份。

19. 如果申请者选择提供一个保留区:

(a) 附上一份标明总区域中估计商业价值相等的两个部分的坐标表;和

(b) 以一个附件提供足够的资料,使理事会能根据所申请区域每一部分的估计商业价值指定一个保留区。附件中须包括申请者可以得到的关于所申请区域两个部分的数据,包括:

(一) 关于区域内钴结壳的定位、调查和评价的数据,包括:

a. 指定保留区所需的与钴结壳的回收和加工有关的技术说明;

b. 一份显示海底地形、水深和底层流等物理和地质特征的图件和关于这些数据的可靠性的资料;

c. 一份显示用于确定钴结壳参数(厚度等)的调查数据的图件,确定勘探区和保留区每个区块和区块组群内的钴结壳的吨位需要这些数据;

d. 显示构成矿址的每个钴结壳区块组群的平均吨位(公吨)数据及相关的显示取样地点位置的吨位图;

e. 钴结壳吨位和品位综合图;

f. 按照标准程序,包括统计分析法,用所提交的数据和以下假设作出的计算:以可开采区域内的可回收金属表示,可以预期区域的两个部分所含钴结壳具有相等估计商业价值;

g. 关于申请者所用技术的说明;

(二) 关于环境参数(季节性的和试验期间的)的资料,除其他外,包括风速和风向、盐度、温度以及生物群落。

20. 如果所申请的区域包括一个保留区的任何部分,应附上一份显示构成保留区一部分的有关区域的坐标表,并说明申请者根据《规章》第 18 条具有的资格。

第三节
财政和技术资料

21. 附上足够的资料，使理事会能确定申请者是否有财政能力执行提议的勘探工作计划和履行其对管理局的财政义务：

(a) 如果企业部提出申请，应附上由其主管机构开具的证明，证明企业部拥有所需财政资源承付提议的勘探工作计划的估计费用；

(b) 如果国家或国营企业提出申请，应附上该国或担保国的声明，证明申请者拥有所需财政资源承付提议的勘探工作计划的估计费用；

(c) 如果实体提出申请，应附上其最近三年符合国际公认会计原则并由合格的公共会计师事务所核证的经审计的财务报表的副本，包括资产负债表和损益表的副本；

(一) 如果申请者是新组成的实体，尚没有经核证的资产负债表，则应提交经申请者的适当职务人员认证的预计资产负债表；

(二) 如果申请者是另一个实体的子公司，则应提交该实体的上述财务报表副本，以及符合国际公认会计惯例，并由具有适当资格的公共会计师事务所核证的该实体关于申请者将有执行勘探工作计划的财政资源的说明；

(三) 如果申请者受一个国家或一家国营企业所控制，则应提交该国或国营企业证明申请者将有执行勘探工作计划的财政资源的说明。

22. 如果打算以贷款方式筹措提议的勘探工作计划的经费，则应附上一份说明，写明贷款额、偿还期和利率。

23. 附上足够的资料，使理事会能确定申请者是否有技术能力执行提议的勘探工作计划，包括：

(a) 关于申请者与提议的勘探工作计划相关的先前经验、知识、技能、技术资格和专长的一般说明；

(b) 关于预期将用于执行提议的勘探工作计划的设备和方法的一般说明，以及关于这些技术的特点的其他非专有性相关资料；

(c) 关于申请者应对对海洋环境造成严重损害的事故或活动的财政和技术能力的一般说明。

第四节
勘探工作计划

24. 附上与勘探工作计划有关的下列资料：

(a) 关于提议的勘探方案的一般说明和时间表，包括未来五年的活动方案，例如对勘探时必须考虑的环境、技术、经济和其他有关因素进行的研究；

(b) 关于按照本规章及管理局制定的任何环境规则、规章和程序进行的海洋学和环境基线研究方案的说明，以便能够考虑到法律和技术委员会提出的任何建议，评估提议的勘探活动对环境的潜在影响，包括但不限于对生物多样性的影响；

(c) 关于提议的勘探活动可能对海洋环境造成的影响的初步评估；

(d) 关于为防止、减少和控制对海洋环境的污染和其他危害以及可能造成的影响而提议的措施的说明；

(e) 未来五年活动方案的预期年度支出表。

第五节
承诺

25. 附上一份书面承诺，表示申请者将：

(a) 同意因《公约》的规定，管理局的规则、规章和程序，管理局各相关机关的决定及申请者同管理局所订合同的条款而产生的适用义务是可执行的，并将予以履行；

(b) 接受管理局根据《公约》授权对"区域"内活动进行控制；

(c) 向管理局提出书面保证，表示将诚意履行合同规定的义务。

第六节
以前订立的合同

26. 如果申请者，或当申请者是联合安排中由实体组成的合伙企业或联营企业时，该事合伙企业或联营企业的任何成员，以前获得过管理局颁发的合同，则申请书中必须有：

(a) 以前订立的合同的日期；

(b) 就有关合同向管理局提交的每一份报告的日期、编号和标题；和

(c) 已终止合同的合同终止日期。

第七节
附件

27. 列出本申请书的所有附录和附件（所有数据和资料应以硬拷贝和管理局指定
的数字格式提交）。

_____   _____
申请者指定代表签名   日期：

证明：

_____
证明人签名

_____
证明人姓名

_____
证明人职衔

附件三

勘探合同

本合同由**国际海底管理局**(以下称"管理局")和＿＿＿＿＿＿＿＿(以下称"承包者")通过双方各自的代表，管理局**秘书长**和＿＿于＿＿年＿＿月＿＿日签订，**兹协议**如下：

条款的并入

1. 《"区域"内富钴铁锰结壳探矿和勘探规章》附件四所载的标准条款应并入本合同内，并应具有相当于在本合同内详细载列的效力。

勘探区域

2. 为本合同的目的，"勘探区域"是指本合同附件 1 的坐标表所界定、分配给承包者勘探的那部分"区域"，该部分的范围按照标准条款和《规章》的规定分阶段予以缩小。

权利的授予

3. 考虑到：(a) 双方都有兴趣根据 1982 年 12 月 10 日《联合国海洋法公约》和《关于执行〈公约〉第十一部分的协定》在勘探区域进行勘探活动；(b) 管理局有责任组织和控制"区域"内活动，特别是为了依照《公约》第十一部分和《协定》及《公约》第十二部分的规定分别制定的法律制度管理"区域"的资源；和 (c) 承包者有兴趣在勘探区域进行活动并为此作出财政承诺，以及双方在此订立的契约，管理局特此授予承包者专属权利，依照本合同的条款和条件对勘探区域内的钴结壳进行勘探。

生效和合同期限

4. 本合同应在双方签署后生效，并在不违反标准条款的情况下，应在签署后十五年内有效，除非：

(a) 承包者获得在勘探区域进行开发的合同，而且该合同在上述十五年期限届满之前生效；或

(b) 合同在期限届满之前终止，但合同的期限可根据标准条款第 3.2 节和第 17.2 节的规定予以延长。

附件

5.   标准条款第 4 节和第 8 节所述的附件在本合同中分别为附件 2 和附件 3。

全部协定

6.   本合同为当事方之间的全部协定，不得以任何口头谅解或前订文书修改其中的条款。

下列签署人，经各自一方正式授权，于＿＿＿年＿＿＿月＿＿＿日在＿＿＿＿签署本合同，**以资证明。**

附件 1

[勘探区域的坐标和示意图]

附件 2

[不时修订的现行五年活动方案]

附件 3

[管理局按照标准条款第 8 节核准训练方案后，训练方案应成为合同的一个附件。]

附件四

勘探合同的标准条款

第 1 节
定义

1.1 在下列条款内：

(a) "勘探区域"是指本合同附件 1 所述、分配给承包者勘探的那部分"区域"，该部分的范围可按照本合同和《规章》的规定分阶段予以缩小；

(b) "活动方案"是指载于本合同附件 2 的工作方案，该工作方案可不时依照本合同第 4.3 和第 4.4 节的规定予以调整；

(c) "《规章》"是指管理局通过的《"区域"内富钴铁锰结壳探矿和勘探规章》。

1.2 《规章》界定的用语和短语在本标准条款内具有相同涵义。

1.3 《关于执行 1982 年 12 月 10 日<联合国海洋法公约>第十一部分的协定》规定，其条款及《公约》第十一部分应作为一个单一文书来解释和适用；本合同和本合同中提及《公约》的条款应相应地加以解释和适用。

1.4 本合同包括本合同各附件，这些附件为本合同的组成部分。

第 2 节
合同在期限内持续有效的保证

2.1 承包者应享有合同在期限内持续有效的保证，而且除本合同第 20、21 和 24 节规定的情况外，不得中止、终止或修改本合同。

2.2 承包者应享有依照本合同的条款和条件对勘探区域内的钴结壳进行勘探的专属权利。管理局应确保在勘探区域内勘探不同类别资源的任何其他实体在作业时不致不合理地干扰该承包者的作业。

2.3 承包者向管理局发出通知后，有权随时放弃其在勘探区域的所有或部分权利而不受罚，但该承包者仍须对宣布放弃之日以前就所放弃区域所产生的所有义务承担责任。

2.4 除本合同明确授予的权利以外，本合同未授予承包者任何其他权利。管理局保留在本合同所涉区域内与第三方订立涉及钴结壳以外资源的合同的权利。

第 3 节
合同期限

3.1 本合同应在双方签署后生效，并且应在签署后十五年内有效，除非：

(a) 承包者获得在勘探区域进行开发的合同，而且该合同在上述十五年期限届满之前生效；或

(b) 合同在期限届满之前终止，但合同的期限可依照本合同第 3.2 节和第 17.2 节的规定予以延长。

3.2 如果承包者至迟于本合同到期之前六个月提出申请，则本合同可予延长，每次延长期限不得超过五年，而且须以管理局和承包者届时根据《规章》商定的条款为准。如果承包者已作出真诚努力遵守本合同的各项要求，但由于承包者无法控制的原因而不能完成进入开发阶段的必要准备工作，或者在当时的经济环境下没有理由进入开发阶段，则此种延长应获核准。

3.3 尽管根据本合同第 3.1 节规定本合同已到期，如承包者在期满之日 90 天前申请开发合同，则本合同规定的承包者权利和义务应予继续，直至审议申请，颁发或拒发开发合同时为止。

第 4 节
勘探

4.1 承包者应按照本合同附件 2 所列活动方案规定的时间表开始勘探，并应遵守本合同所规定的时限或对时限所作的任何修改。

4.2 承包者应执行本合同附件 2 所述的活动方案。承包者进行这些活动时，每一合同年度内所花的实际和直接勘探费用应不少于该方案所规定的数额，或对方案进行审查后议定的数额。

4.3 承包者经管理局同意，可不时根据采矿业的良好做法，并参考钴结壳所含金属的市场状况和其他相关的全球经济状况，对活动方案及其中所列支出数额作必要和谨慎的调整。管理局不应不合理地拒绝给予同意。

4.4 承包者和秘书长至迟应在本合同根据合同第 3 节生效之日开始的每一个五年届满之前 90 天，共同对根据本合同执行勘探工作计划的情况进行审查。秘书长可视需要要求承包者提交此审查所需的进一步数据和资料。承包者应参照审查结果，对其工作计划作出必要的调整，并说明其下一个五年的活动方案，包括列出预计每年开支的订正表。本合同附件 2 应作相应调整。

第 5 节
环境监测

5.1 承包者应在合理可能的范围内采取预防做法和最佳环境做法，采取必要措施，防止、减少和控制其"区域"内活动对海洋环境造成的污染和其他危害。

5.2 在开始勘探活动之前，承包者应向管理局提交：

(a) 一份关于拟议活动对海洋环境潜在影响的评估书；

(b) 一份用于确定拟议活动对海洋环境潜在影响的监测方案建议书；和

(c) 可用于制订环境基线以评估拟议活动影响的数据。

5.3 承包者应依照《规章》的规定，随着勘探活动的不断深入和发展，收集环境基线数据，并确定环境基线，供对比评估承包者的活动可能对海洋环境造成的影响。

5.4 承包者应依照《规章》的规定，制订和执行关于监测和报告对海洋环境的影响的方案。承包者应与管理局合作实施此监测。

5.5 承包者应于每一日历年结束后 90 天内向秘书长报告本合同第 5.4 节所述监测方案的执行情况和结果，并应根据《规章》提交数据和资料。

第 6 节
应急计划和紧急情况

6.1 承包者在按照本合同开始其活动方案之前，应向秘书长提交一份能有效应对因承包者在勘探区域的海上活动而可能对海洋环境造成严重损害或带来严重损害威胁的事故的应急计划。这种应急计划应确定特别程序，并应规定备有足够和适当的设备，以应对此类事故，特别是应包括下列安排：

(a) 立即在勘探活动区域发出一般警报；

(b) 立即通知秘书长；

(c) 警告可能行将进入毗邻水域的船只；

(d) 不断向秘书长充分通报已经采取的紧急措施的细节和所需的进一步行动；

(e) 适当清除污染物质；

(f) 减少并在合理范围内尽可能防止对海洋环境造成严重损害，以及减轻此类影响；

(g) 在适当情况下，同管理局的其他承包者合作应对紧急情况；并

(h) 定期举行紧急情况演习。

6.2 承包者的活动如引起已经、正在或可能对海洋环境造成严重损害的事故，承包者应迅速向秘书长报告。每一报告应载列事故的详情，其中除其他外，应包括：

(a) 已受影响的或可以合理地预期会受影响的区域的坐标；

(b) 说明承包者正在采取什么行动来防止、控制、减轻和弥补对海洋环境造成或可能造成严重损害的情况；

（c）说明承包者正在为监测事故对海洋环境的影响而采取的行动；和

（d）秘书长在合理范围内可能要求提供的补充资料。

6.3 承包者应遵从理事会和秘书长为了防止、控制、减轻或弥补对海洋环境造成或可能造成严重损害的情况而分别按照《规章》发布的紧急命令和指示立即采取的暂时性措施，包括可能要求承包者立即暂停或调整其在勘探区域内任何活动的命令。

6.4 如果承包者不迅速遵从这种紧急命令或立即采取暂时性措施，理事会可采取必要的合理措施，以防止、控制、减轻或弥补对海洋环境造成或可能造成严重损害的情况，费用由承包者承担。承包者应迅速向管理局偿还这种费用。这种费用不包括在根据本合同或《规章》对承包者课处的任何罚款之内。

第 7 节
具有考古或历史意义的遗骸、文物和遗址

在勘探区内发现任何具有考古或历史意义的遗骸或任何类似性质的文物或遗址时，承包者应立即将此事及发现的地点以书面方式通知秘书长，包括报告已采取的保全和保护措施。秘书长应将这些资料转交联合国教育、科学及文化组织总干事以及任何其他主管国际组织。在勘探区发现这种考古或历史意义的遗骸、文物或遗址后，为了避免扰动此类遗骸、文物或遗址，在理事会考虑到联合国教育、科学及文化组织总干事或任何其他主管国际组织的意见后另有决定之前，不得在一个合理范围内继续进行探矿或勘探。

第 8 节
训练

8.1 根据《规章》，承包者在按照本合同开始勘探之前，应把关于训练管理局人员和发展中国家人员的拟议训练方案提交管理局核准，其中包括让这些人员参与承包者按照本合同所从事的所有活动。

8.2 训练方案的范围和筹资办法应由承包者、管理局和担保国商订。

8.3 承包者应依照本合同第 8.1 节所述并经管理局根据《规章》核准的具体人员训练方案，实施训练方案。具体方案可不时加以修改和发展，并应作为附件 3 成为本合同的一部分。

第 9 节
账簿和记录

承包者应按照国际公认会计原则保存完整和正确的账簿、账目和财务记录。保存的账簿、账目和财务记录应包括充分披露实际和直接支出的勘探费用的资料和有助于切实审计这些费用的其他资料。

第 10 节
年度报告

10.1 承包者应于每一旦历年结束后 90 天内，按照法律和技术委员会不时建议的格式，向秘书长提交一份报告，说明其在勘探区域的活动方案，并在适用时提供关于下列方面的详尽资料：

(a) 该日历年内进行勘探的工作包括显示已进行工作和已取得结果的地图、海图和图表；

(b) 进行勘探工作所使用的设备，包括对拟议采矿技术进行测试的结果，但不包括设备的设计数据；和

(c) 训练方案的执行情况包括对这类方案的任何拟议的修订或发展。

10.2 这种报告也应载列：

(a) 环境监测方案的结果，包括对各项环境参数的观察、测量、评价和分析；

(b) 一份列有作为样品或为测试目的回收的钴结壳数量的报表；

(c) 一份符合国际公认会计原则和经具有适当资格的公共会计师事务所核证的报表，或在承包者为国家和国营企业时经担保国核证的报表，其中载列承包者在其会计年度内为执行活动方案而实际和直接支出的勘探费用。承包者可将这些费用申报为承包者在开始商业生产前的部分开发成本；和

(d) 任何拟对活动方案作出调整的细节和作出这种调整的理由。

10.3 承包者还应按照秘书长不时提出的合理要求，提供更多资料以补充本合同第 10.1 节和第 10.2 节所述的报告，以便管理局根据《公约》、《规章》和本合同履行其职能。

10.4 对于在勘探期间取得的钴结壳样品和岩心，承包者应妥善保存一个具有代表性的部分，直至本合同期满为止。管理局可书面请求承包者将任何这种在勘探期间取得的样品和岩心的一部分送交管理局作分析之用。

10.5 承包者在提交年度报告之时须缴纳年度管理费 47 000 美元(或按本文件第 10.6 节另行确定的数额)，用于支付管理局的合同管理和监督费用以及按本文件第 10.1 节提交的报告的审阅费用。

10.6 年度管理费的数额可由管理局修订，以反映其实际和合理产生的费用。[3]

---

[3] ISBA/19/A/12，2013 年 7 月 25 日，修訂。

第 11 节
合同期满时应提交的数据和资料

11.1   承包者应依照本节的规定，向管理局移交管理局对勘探区域有效行使权力和履行职能所必需和相关的一切数据和资料。

11.2   在本合同期满或终止时，尚未向秘书长提交下列数据和资料的承包者应向秘书长提交：

（a）承包者在执行活动方案期间获得的，并为管理局对勘探区域有效行使权力和履行职能所必需和相关的地质、环境、地球化学和地球物理数据的副本；

（b）确定可开采矿床后对这些矿床的估计，包括关于经证实的、推定的及可能的钴结壳储量的品位和数量以及预计采矿条件的细节；

（c）承包者编写或为承包者编写，并为管理局对勘探区域有效行使权力和履行职能所必需和相关的地质、技术、财务和经济报告的副本；

（d）进行勘探工作所使用设备的充分详细资料，包括对拟议采矿技术进行测试的结果，但不包括设备的设计数据；

（e）一份列有作为样品或为测试目的回收的钴结壳数量的报表；和

（f）一份关于岩心样品的保存方式和地点及可供管理局使用的方式的说明。

11.3   如果在本合同期满之前，承包者申请核准一项开发工作计划，则应向秘书长提交本合同第 11.2 节所述的数据和资料；或如果承包者放弃其在勘探区域内的权利，则本合同第 11.2 节所述的与被放弃区域有关的数据和资料也应提交秘书长。

第 12 节
机密性

依照本合同的规定提交管理局的数据和资料应按照《规章》规定作为机密资料处理。

第 13 节
承诺

13.1   承包者应依照本合同的条款和条件、《规章》、《公约》第十一部分、《协定》以及符合《公约》规定的其他国际法规则进行勘探。

13.2   承包者承诺：

（a）同意本合同的条款是可执行的，并将予以遵守；

(b) 遵守《公约》的规定、管理局的规则、规章和程序及管理局相关机关的决定所产生的适用义务；

(c) 接受管理局根据《公约》授权对"区域"内活动进行控制；

(d) 诚意履行本合同规定的义务；和

(e) 在合理可行范围内遵从法律和技术委员会随时公布的建议。

13.3 承包者应以下述方式积极执行活动方案：

(a) 认真、高效和节省；

(b) 适当顾及其活动对海洋环境的影响；和

(c) 合理顾及海洋环境中的其他活动。

13.4 管理局承诺按照《公约》第一五七条诚意履行《公约》和《协定》规定的职权和职能。

第 14 节
检查

14.1 承包者应准许管理局派其检查员登临承包者用以在勘探区域内进行活动的船舶和设施，以便：

(a) 监测承包者遵守本合同的条款及《规章》的情况；和

(b) 监测这些活动对海洋环境的影响。

14.2 秘书长应合理通知承包者，告知检查的预定时间和检查的时间长度、检查员的姓名以及检查员准备进行、而且可能需要特别设备或者需要承包者的人员提供特别协助的活动。

14.3 检查员应有权检查任何船舶或设施，包括其航海日志、设备、记录、装备、所有其他已记录的数据以及为监测承包者的遵守情况而需要的任何相关文件。

14.4 承包者及其代理人和雇员应协助检查员履行其职务，并应：

(a) 接受检查员并方便检查员迅速而安全地登临船舶和设施；

(b) 对按照这些程序检查任何船舶或设施的活动给予合作和协助；

(c) 在任何合理的时间为接触船舶和设施上所有相关的设备、装置和人员提供便利；

(d) 在检查员履行职务时不加阻挠、恫吓或干预；

(e) 向检查员提供合理的便利，包括在适当情况下提供膳宿；和

（f）方便检查员安全离船。

14.5　检查员应避免干扰承包者在所检查区域进行活动的船舶和设施上的安全和正常作业，并应按照《规章》和为保护数据和信息的机密性而采取的措施行事。

14.6　秘书长及经正式授权的秘书长代表为审计和检查目的，应可查阅承包者所有的任何必要的和直接相关的账簿、凭单、文件和记录，以核实第 10.2(c)节所提及的费用。

14.7　需要采取行动时，秘书长应向承包者及其担保国提供检查员报告内的相关资料。

14.8　如果承包者以任何原因不开展勘探，并且不要求颁发开发合同，则应在撤出勘探区域之前向秘书长提出书面通知，以使管理局如作出决定，可按照本节规定进行检查。

第 15 节
安全、劳动及健康标准

15.1　承包者应遵守主管国际组织或外交大会所制定的关于海上人命安全和防止碰撞的公认国际规则和标准以及管理局可能通过的关于海上安全的规则、规章和程序。用于在"区域"内进行活动的每一船舶应持有这些国际规则和标准所要求且按照这些国际规则和标准颁发的有效证件。

15.2　承包者在按照本合同进行勘探时，应奉行和遵守管理局可能通过的关于防止就业歧视、职业安全和健康、劳资关系、社会保障、就业保障和工作场所生活条件的规则、规章和程序。这些规则、规章和程序应考虑到国际劳工组织和其他主管国际组织的公约和建议。

第 16 节
责任

16.1　承包者应对其本身及其雇员、分包者、代理人及他们为根据本合同进行承包者的业务而雇用为他们工作或代他们行事的所有人员的不当作为或不作为所造成的包括对海洋环境的损害在内的任何损害的实际数额负赔偿责任，其中包括为防止或限制对海洋环境造成损害而采取的合理措施的费用，但应考虑到管理局的共同作为或不作为。

16.2　对于第三方因承包者及其雇员、代理人和分包者及他们为根据本合同进行承包者的业务而雇用为他们工作或代他们行事的所有人员的任何不当作为或不作为而提出的一切主张和赔偿要求，承包者应使管理局、承包者的雇员、分包者和代理人免受损失。

16.3 管理局应对在履行其职权和职能时的不当作为，包括违反《公约》第一六八条第 2 款的行为所造成的任何损害的实际数额向承包者负赔偿责任，但应考虑到承包者、其雇员、代理人和分包者及他们为根据本合同进行承包者的业务而雇用为他们工作或代他们行事的所有人员的共同作为或不作为。

16.4 对于第三方因管理局在履行本合同规定的职权和职能时的任何不当作为或不作为，包括违反《公约》第一六八条第 2 款的行为而提出的一切主张和赔偿要求，管理局应使承包者、其雇员、分包者、代理人及他们为根据本合同进行承包者的业务而雇用为他们工作或代他们行事的所有人员免受损失。

16.5 承包者应按公认的国际海事惯例向国际公认的保险商适当投保。

第 17 节
不可抗力

17.1 承包者对因不可抗力而无法避免的延误或因而无法履行本合同所规定的任何义务不负赔偿责任。为本合同的目的，不可抗力指无法合理地要求承包者防止或控制的事件或情况；但这种事件或情况不应是疏忽或未遵守采矿业的良好做法所引起的。

17.2 本合同的履行如果因不可抗力受到延误，经承包者请求，承包者应获准展期，延展期相当于履行被延误的时间，而本合同的期限也应相应延长。

17.3 发生不可抗力时，承包者应采取一切合理措施，克服无法履行的情况，尽少延误地遵守本合同的条款和条件。

17.4 承包者应合理地尽快将发生的不可抗力事件通知管理局，并应同样地将情况恢复正常的消息通知管理局。

第 18 节
免责条款

承包者或任何关联公司或分包者不得以任何明示或暗示的方式声称或表示，管理局或其任何官员对勘探区域内钴结壳持有任何意见或已表示任何意见。承包者、任何关联公司或任何分包者印发的，直接或间接提及本合同的任何计划书、通知、通告、广告、新闻稿或类似文件均不应登载或认可类似内容的声明。为本节的目的，"关联公司"是指控制承包者，或由承包者控制，或与承包者受共同控制的任何个人、商号或公司或国有实体。

第 19 节
放弃权利

　　承包者向管理局发出通知后，有权放弃其权利和终止本合同而不受罚，但承包者仍须对宣布放弃之日以前产生的所有义务和按照《规章》须在合同终止后履行的义务承担责任。

第 20 节
担保的终止

　　20.1　如果承包者国籍或控制权发生变化或《规章》所界定的承包者担保国终止其担保，承包者应从速通知管理局。

　　20.2　在上述任何一种情况下，如果承包者未能找到另一符合《规章》所定要求的担保国，在《规章》规定的时限内以规定的格式为承包者向管理局提交担保书，则本合同应即予终止。

第 21 节
合同的中止和终止及罚则

　　21.1　如果发生以下情况之一，理事会可以中止或终止合同，但不妨害管理局可能具有的任何其他权利：

　　(a)　虽经管理局书面警告，承包者仍然进行活动，以致造成一再故意严重违反本合同基本条款、《公约》第十一部分、《协定》和管理局的规则、规章和程序的结果；或

　　(b)　承包者不遵守对其适用的争端解决机构作出的有拘束力的终局裁判；或

　　(c)　承包者失去偿付能力，或采取破产行动，或与债权人达成任何清偿协议，或进行清算或被接管，无论是强制性还是自愿的，或根据任何现行或此后生效的破产法、无力偿债法或债务调整法向任何法庭申请指派管理人或其自己的托管人或管理人或展开任何与自己有关的法律程序，但为了改组的除外。

　　21.2　如果由于17.1节所述的不可抗力事件或情况持续存在长达两年以上，尽管承包者已采取一切合理措施，以克服无法履行合同的情况，尽少延误地遵守本合同的条款和条件，但仍无法履行本合同为其规定的义务，则理事会在须遵循第 17 节规定的情况下，同承包者协商后，可中止或终止合同，但不妨害管理局可能拥有的其他任何权利。

　　21.3　任何中止或终止应采用书面通知形式，通过秘书长发出，并应附上关于采取这一行动的理由的说明。中止或终止应于通知后的 60 天生效，除非承包者在此段时间内按照《公约》第十一部分第五节对管理局中止或终止本合同的权利提出异议。

21.4 如果承包者采取上述行动，本合同只可根据按照《公约》第十一部分第五节作出的有拘束力的终局裁判予以中止或终止。

21.5 如果理事会已经中止本合同，理事会可发出通知，要求承包者在通知后的 60 天内恢复其作业并遵守本合同的条款和条件。

21.6 对于本合同第 21.1(a) 节未予规定的任何违反本合同的行为，或作为本合同第 21.1 节所规定的中止或终止的代替做法，理事会可对承包者课以与违约行为的严重性相称的罚款。

21.7 在承包者已有合理机会用尽根据《公约》第十一部分第五节可以使用的司法救济之前，理事会不得执行涉及罚款的决定。

21.8 在本合同被终止或到期时，承包者应遵守《规章》，从勘探区域撤出所有设施、工厂、设备和材料，使该区成为安全区域，不会对人员、航运或对海洋环境构成危险。

第 22 节
权利和义务的转让

22.1 本合同规定的承包者权利和义务，须经管理局同意，并按照《规章》的规定，才可全部或部分转让。

22.2 如果拟议的受让者根据《规章》的规定是在所有方面都合格的申请者，并且承担承包者的一切义务，管理局不应不合理地拒绝同意转让。

22.3 本合同的条款、承诺和条件应对合同各方及其各自的继承者和受让者生效，使他们从中受益并受其拘束。

第 23 节
不放弃权利

任何一方放弃因他方在履行本合同条款方面的一项违约行为而产生的权利，不应推定为该一方放弃权利，不追究他方随后在履行同一条款或任何其他条款方面的违约行为。

第 24 节
修改

24.1 如果已经发生或可能发生的情况使管理局或承包者认为将使本合同有失公允，或使本合同或《公约》第十一部分和《协定》所订的目标无法或不可能实现，双方应进行谈判，对合同作出相应的修改。

24.2 承包者和管理局也可以协议修改本合同，以便利执行管理局在本合同生效以后通过的任何规则、规章和程序。

24.3　本合同的修改、修正或变更，须得到承包者和管理局的同意，以经由双方授权的代表签署的适当文书为之。

第 25 节
争端

25.1　双方关于本合同的解释或适用的争端应依照《公约》第十一部分第五节的规定解决。

25.2　依照《公约》附件三第二十一条第 2 款的规定，根据《公约》具有管辖权的法院或法庭就管理局和承包者的权利和义务作出的任何终局裁判，在任何受影响的《公约》缔约国境内均可执行。

第 26 节
通知

26.1　与本合同有关的任何申请书、请求、通知、报告、同意书、批准书、放弃权利声明、指令或指示，应按情况由秘书长或由承包者的指定代表以书面作成。应以专人手递、电报、传真、挂号航空邮件或带有经授权的签字的电子邮件方式送达管理局总部交秘书长或送达指定的代表。以带有数字签字的电子文件提供信息，可满足本规章关于以书面形式提供一切信息的规定。

26.2　任何一方都有权将任何地址更改为任何其他地址，但应至少提前十天向他方发出通知。

26.3　专人手递的，于送达时生效。以电报传送的，于发送者电报机显示"回答"之日的下一个办公日视为生效。以传真传送的，于传真机收到"发送证实报告"证实已向收件者的公开传真号码发送传真时生效。以挂号航空信件发出的，于寄出 21 天之后视为生效。电子文件，在其进入收件人为接收所发此类文件而指定或使用的信息系统，并可以由收件人取用和处理时，视为被收件人收到。

26.4　就本合同的所有目的而言，向承包者指定的代表发出的通知，构成给承包者的有效通知，而且在任何具有管辖权的法院或法庭的任何程序中，被指定代表的应为接收送达的传票或通知的承包者的代理人。

26.5　就本合同的所有目的而言，发给秘书长的通知构成给管理局的有效通知，而且在任何具有管辖权的法院或法庭的诉讼程序中，秘书长应为接收送关的传票或通知的管理局代理人。

第 27 节
适用的法律

27.1　本合同应按照本合同的条款、管理局的规则、规章和程序、《公约》第十一部分、《协定》以及与《公约》不相抵触的其他国际法规则确定。

27.2 承包者其雇员、分包者、代理人及他们为根据本合同进行承包者的业务而雇用为他们工作或代他们行事的所有人员，应遵守本合同第 27.1 节所提到的适用的法律，并且不应直接或间接地从事适用的法律禁止的任何交易。

27.3 本合同任何条款不得被视为不必为按照本合同进行的任何活动申请和取得可能需要的任何执照或授权。

第 28 节
解释

本合同分成若干节和分节，另加上标题，仅为了便于参考，不应影响对合同的解释。

第 29 节
其他文件

为实施本合同的规定，本合同每一当事方同意签署和递送所有必要或恰当的进一步文书，并采取和履行所有必要或恰当的进一步行动和事务。

II.　建议和程序

法律和技术委员会

Distr.: General
1 March 2013
Chinese
Original: English

第十九届会议

牙买加金斯敦

2013 年 7 月 15 日至 26 日

指导承包者评估"区域"内海洋矿物勘探活动可能对环境造成的影响的建议

法律和技术委员会印发

一. 导言

1.　在海洋矿物探矿和勘探过程中,国际海底管理局(管理局)除其他外必须制定并定期审查环境规则、规章和程序,以确保有效保护海洋环境,使其免受"区域"内活动可能造成的有害影响。而且,还必须与担保国一道按照法律和技术委员会的建议对这些活动采取预防方法。此外,在"区域"内勘探矿物的合同应要求承包者收集海洋和环境基线数据,建立环境基线,供对照评估其勘探工作计划的活动方案很可能对海洋环境造成的影响,及要求承包者制定监测和报告这些影响的方案。承包者应与管理局和担保国合作制定和执行这种监测方案。承包者应每年报告环境监测方案的结果。此外,在提出请求核准勘探工作计划的申请时,每一申请者除其他外,应提交关于按照相关的《规章》及管理局制定的任何环境规则、规章和程序举办的海洋学和环境基线研究方案的说明,以便在考虑到法律和技术委员会所提建议的情况下,评估拟议勘探活动对环境的潜在影响,并提交关于拟议勘探活动可能对海洋环境造成的影响的初步评估。

2.　法律和技术委员会可以不时提出技术性或行政性建议来指导承包者,协助承包者执行管理局的规则、规章和程序。1982 年《联合国海洋法公约》第一六五条第 2 款(e)项规定,委员会还应考虑到海洋保护领域公认专家们的意见,向理事会提出关于保护海洋环境的建议。

请回收

3.   管理局在 1998 年 6 月就制定多金属结核矿藏勘探环境准则举行了一个研讨会。研讨会的成果是制定了一套关于在"区域"内多金属结核勘探活动可能对环境造成的影响的评价指南草案。研讨会与会者指出必须根据既定的科学原则，考虑到海洋学的限制因素，确定清楚的通用方法评估环境特性。在核准《"区域"内多金属结核探矿和勘探规章》(ISBA/6/A/18)一年后，法律和技术委员会于 2001 年在 ISBA/7/LTC/1**号文件中公布指南，并于 2010 年根据了解到的更多情况对指南加以修订(见 ISBA/16/LTC/7)。自 2010 年核准《"区域"内多金属硫化物探矿和勘探规章》(ISBA/16/A/12/Rev.1)和 2012 年核准《"区域"内富钴铁锰结壳探矿和勘探规章》(ISBA/18/A/11)以来，已决定需要建立一套合并的环境指南，其中包括多金属硫化物和富钴铁锰结壳的勘探指南。

4.   为了满足勘探这两种资源期间的环境指南的需要，2004 年 9 月 6 日至 10 日在金斯敦举行一次研讨会，题为"关于多金属硫化物和富钴铁锰结壳及其环境和为勘探建立环境基线及相关监测方案的考虑"。研讨会的建议是以目前关于海洋环境和拟采用技术的科学认识为基础。

5.   除非另有说明，本文件中有关勘探和试验开采的建议适用于所有类型的矿床。在某些矿址上，可能难以实施一些具体的建议。在这种情况下，承包者应向管理局提供这种论据，管理局可酌情免除对承包者的具体要求。

6.   委员会认为，鉴于建议的技术性较强，而且对勘探活动影响海洋环境的情况了解有限，有必要提出本建议附件一的解释性评注。还附有技术用语词表作为解释性评注的补充。

7.   与试验采矿相关的环境因素的性质取决于用于提取矿物的采矿技术，并取决于作业的规模(即每个地区每年提取的吨数)。机械搬运而不在海底进行初步处理的办法被认为是最有可能采用的技术，该方法也是本文件假定的矿产开采办法。今后采矿作业很可能采用本文件没有考虑到的技术。本文件所载建议是以制定建议时关于海洋环境和拟采用技术的科学认识为基础，因此将来可能要根据科技发展作出修正。《规章》规定，法律和技术委员会可以不时根据最新科学知识和信息审查本建议。建议应定期进行这种审查，并应每隔五年审查一次。为了促进审查工作，建议管理局应酌情定期召开研讨会，邀请法律和技术委员会成员、承包者和科学界权威参加。

8.   在核准合同形式的勘探工作计划之后，并在开始勘探活动之前，承包者应向管理局提交：

    (a) 一份关于所有拟议活动对海洋环境潜在影响的评估书，但不包括法律和技术委员会认为不具有对海洋环境造成有害影响的潜在可能的那些活动；

    (b) 一份用于确定拟议活动对海洋环境潜在影响；并确定矿物探矿和勘探活动不会对海洋环境造成严重损害的监测方案建议书；

(c) 可用于制订环境基线以评估拟议活动影响的数据。

二. 范围

A. 宗旨

9. 这些建议说明了采集基线数据时应遵循的程序，以及在勘探区域进行任何可能对环境造成严重损害的活动期间和之后应进行的监测工作，其具体宗旨如下：

(a) 界定应测量的生物、化学、地质和物理要素和承包者应遵循的程序，以确保有效保护海洋环境，使其不受承包者在"区域"内活动可能造成的有害影响；

(b) 便于承包者提交报告；

(c) 向潜在承包者提供指导，使其得以根据《公约》、1994 年《关于执行〈联合国海洋法公约〉第十一部分的协定》和《管理局规章》的相关规定，拟定勘探海洋矿物的工作计划。

B. 定义

10. 除本文件另有说明外，每套《规章》所界定的术语和用语在本建议内的含义相同。本文件附件二载有技术用语词表。

C. 环境研究

11. 每一项勘探海洋矿物的工作计划均应考虑下列环境研究阶段：

(a) 环境基线研究；

(b) 确保在探矿和勘探期间的活动没有对海洋环境造成严重损害的监测工作；

(c) 测试采集系统和设备期间和之后的监测工作。

12. 承包者应准许管理局派检查员登临承包者在"区域"内进行勘探活动的船舶和设施，以便除其他外监测这些活动对海洋环境的影响。

三. 环境基线研究

13. 应从勘探区域取得足够信息，记录试采前的自然状况，了解颗粒扩散和沉淀以及底栖动物演替等自然过程，采集其他数据，以便能获得准确预测环境影响的必要能力。周期性自然过程可能对海洋环境有重要影响，但没有很好地量化。因此，应尽可能长期了解海洋表层、中层水和海床群落对自然环境变数的自然反应。

基线数据要求

14. 为了根据《规章》的相关规定确定勘探区的环境基线，承包者应利用可获得的地理信息系统等最佳技术，并在制定采样策略时利用健全的统计设计收集数据，以确定物理、化学和生物等参数的基线状况，这些参数是可能会受到勘探和试采活动影响的系统的特性。记录试采前自然状况的基线数据十分重要，可以检测试采影响带来的变化，预测商业采矿活动的影响。

15. 需要记录的数据包括：

　　(a) 在物理海洋学方面：

　　　　㈠ 在整个水柱沿线，特别是海底附近收集海洋状况资料，除其他外包括海流、温度和浊度状态等；

　　　　㈡ 调整测量方案，以适应海床地貌；

　　　　㈢ 调整测量方案，以适应海洋表面、上层水柱和海床的区域水动力活动；

　　　　㈣ 在采集系统和设备的测试期，测量很可能受排放羽流影响的深层区域的物理参数；

　　　　㈤ 测量颗粒浓度和构成，以记录沿水柱的颗粒分布状况；

　　(b) 在地质学方面：

　　　　㈠ 制作标明高分辨率海深测量数据的地理信息系统区域图，显示主要的地质和地貌特征，以反映环境的异质性。这些区域图的比例应符合资源和生境的变异性；

　　　　㈡ 收集可能在试采时释放出的重金属和微量元素及其浓度的资料；

　　(c) 在化学海洋学方面：

　　　　㈠ 收集地下水柱化学资料，包括关于资源上覆水层的资料，尤其是可能在采矿过程中释放出的金属和其他元素的资料；

　　　　㈡ 收集可能在试采时释放出的重金属和微量元素及其浓度的资料；

　　　　㈢ 确定在试采中资源加工后的排放羽流可能会释放出的其他化学物质；

　　(d) 在沉积物特性方面：

　　　　㈠ 确定沉积物的基本特性，包括土力学和构成的测量数据，以充分了解作为深水羽流潜在来源的表层沉积物的特性；

　　　　㈡ 参考海床的变异性，对沉积物进行采样；

　　(e) 在生物群落方面，利用有高分辨率海深测量数据的地图，计划生物采样策略，同时考虑环境的变异性：

13-24712 (C)

（一） 收集生物群落的数据，采集的样本应足以代表动物生境的变异性、底层地形、深度、海床和沉积物的特性、丰度和定向的矿物资源；

（二） 收集海底群落的数据，特别是有关巨型动物、大型动物、小型动物、微型动物、结核动物、底栖食腐动物和与资源直接相关动物的数据，这些资源处于勘探区和可能受作业影响的区域（如作业和排放羽流）；

（三） 评估可能受作业影响（如作业和排放羽流）的水柱和海底边界层中的浮游群落；

（四） 记录主要物种中可能在采矿时释放出的金属的基线水平；

（五） 记录观察到的海洋哺乳动物、其他浅水大型动物（如海龟和鱼群）和鸟群的情况，尽量确定有关物种。详细记录往来勘探区和测站间通过的情况。应评估时间的变化；

（六） 在每个生境类型或区域建立至少一个测站，以评估水柱和海床群落的时间变化；

（七） 评估物种的区域分布和主要物种的基因联系；

（八） 采集物应在原地摄影记录（并附有录像对检码），使每个样品有背景或环境资料备考；

（f） 在生物扰动方面：酌情收集按生物分类的沉积物混合数据；

（g） 在沉积作用方面：收集关于从上水柱流入深海的物质通量和构成的时序数据。

16. 除分析数据外，应根据与秘书处达成的协议，以电子格式在年度报告中提供原始数据。这些数据将用于区域环境管理和累积影响评估。

四. 环境影响评估

17. 应使用可获得的最佳采样技术和方法，建立环境影响评估的基线数据。

A. 不需要进行环境影响评估的活动

18. 根据可获得的资料，目前在勘探方面使用的多种技术被认为不会对海洋环境造成严重损害，因而不需要进行环境影响评估。这些技术包括：

（a） 重力和磁力观测；

（b） 海底和海底浅层电阻、自然电位或感应极化声学或电磁剖面测量或成像，而不使用炸药或已知会严重影响海洋生物的频率；

(c) 用于环境基线研究的海水、生物、沉积物和岩石采样：

　　(一) 海水、沉积物和生物区系的小量采样(如利用遥控潜水器)；

　　(二) 有限度的矿物和岩石采样，如使用小型抓斗或铲斗采样器采样；

　　(三) 用箱式采样器或小直径岩心采样器对沉积物进行采样；

(d) 气象观测，包括安放仪器(如停泊装置)；

(e) 海洋学(包括水文观测，包括安放仪器(如停泊装置))；

(f) 录像/电影和照相观测；

(g) 船上矿物化验和分析；

(h) 定位系统，包括海底应答器以及在《航海通知》中列出的水上和水下浮标；

(i) 拖曳式羽流感应测量(化学分析、浊度计、荧光计等)；

(j) 原地动物代谢测量(如沉积物氧耗测量)；

(k) 对生物样本进行脱氧核糖核酸检测；

(l) 染色测流和示踪剂研究，除非关于悬挂国旗船只活动的国内或国际法律另有规定。

B. 需要进行环境影响评估的活动

19. 下列活动需要进行事前环境影响评估，并需要依照第 29 和 30 段的建议在特定活动期间和其后实施环境监测方案。必须强调的是，这些基线、监测和影响评估研究很可能是为商业采矿进行的环境影响评估的基本投入：

　　(a) 条件是任何一项采样活动的采样区超过下文第四.F 部分所述的特定矿藏资源在陆地上进行采矿和/或加工方面的研究采样活动承包者具体指南规定的范围；

　　(b) 利用系统人为扰动海底的活动；

　　(c) 测试采集系统和设备；

　　(d) 利用船载钻机进行钻探活动；

　　(e) 岩石取样；

　　(f) 使用海底拖橇、挖掘机或拖网进行的采样活动，除非在小于下文第四.F 部分所述的特定矿藏承包者具体指南规定的范围内允许开展的这类活动。

20. 对于第 27 段所建议的事前环境影响评估和资料以及有关的环境监测方案，承包者至少应在进行活动前一年、管理局年会举行前三个月提交秘书长。

21. 试验采矿之前、之时及之后，必须在试验采矿区和可比参考区(这些地点将根据其环境特点和动物组成情况选定)监测环境数据。影响评估必须基于设计合理的监测计划，及时、准确地探测到影响，提供统计上可靠的数据。

22. 预期主要的环境影响是在海底。在尾料排放深处和水柱处也会有其他影响。影响评估应强调对海底、海底边界层及大洋环境的影响。影响评估不仅要包括直接受到采矿影响的区域，还应根据所用技术包括受近海底羽流、排放羽流以及，运输矿物至海洋表面时产生的物质所影响的更广泛地区。

23. 承包者可能单独或合作进行试验采矿。在试验采矿中，采矿系统的所有组件需要组装，并需要完成试验采矿、运输矿物至海洋表面和排放尾料的所有程序。对于环境评估，正如任何试验采矿组成部分都应受到严密监测，这一试验阶段也需要严密监测。当试验采矿已完成时，即使是由另一名承包者完成，试验所得知识应酌情适用，确保今后调查能解决未解问题。

24. 试验采矿监测应考虑到开发和运用商业系统预期产生的影响。

25. 表层水排放羽流可能会增加养分，减少海洋的透光度，以致干扰初级生产力。深层冷海水流向海平面会改变当地海平面温度，并向空气中排放二氧化碳。试验采矿活动中，在大量深层冷海水流向海平面之前，必须进行环境影响评估，因为环境变化可能会改变食物链，扰乱垂直洄游和其他洄游，如果最低含氧层里有氧的话，会导致最低含氧层的地球化学改变。由于最低含氧层因区域而异，在某种程度上因季节而异，环境研究应确定每个试采区最低含氧层的深度范围。

C. 承包者应提供的资料

26. 承包者向管理局提交关于提议勘探方案的一般性说明和时间表，包括未来五年的活动方案，例如对试验采矿时必须考虑的环境、技术、经济和其他有关因素进行的研究。一般性说明应该包括：

(a) 按照管理局制定的相关《规章》、环境规则和程序进行的海洋学和环境基线研究方案说明，以便能根据管理局颁发的指导方针，评估拟议勘探活动对环境的潜在影响；

(b) 关于为防止、减少和控制对海洋环境的污染和其他危害，以及可能造成的影响而提议的措施；

(c) 拟议勘探活动可能对海洋环境造成影响的初步评估；

(d) 划定影响参照区和保全参照区。影响参照区应能代表采矿区环境特征和生物区系。保全参照区要认真挑选，面积要够大，避免受到包括作业羽流和排放羽流在内的采矿活动的影响。参考区将有助于辨别出环境条件的自然变化，参考区物种构成应当与试采区类似。

27. 承包者应根据将进行的特定活动向秘书长提供部分或全部下列资料：

　　(a) 矿床的规模、形状、储量和品位；

　　(b) 矿物采集技术(被动式或主动式机械挖采机、液压吸扬机、喷水式推进器等)；

　　(c) 海底贯入深度；

　　(d) 接触海底的行走装置(滑板、齿轮、履带式挖掘机、阿基米德螺钉、支承板、水垫等)；

　　(e) 在海底分离矿物资源和沉积物的方法，包括矿物的清洗、海床产生的作业羽流中的海水与沉积物混合的浓度和构成，距离海底的排放高度，粒度分散和沉降模型，覆盖在离采矿活动一定距离的地区的沉积物厚度估算；

　　(f) 海床加工方法；

　　(g) 矿物研磨方法；

　　(h) 运输物质至海平面的方法；

　　(i) 在水面船只上从碎屑和沉积物中分离矿物资源；

　　(j) 被研磨的粉尘和沉积物的处理方法；

　　(k) 排放羽流的量和深度，排放水中的颗粒物浓度和构成，以及排放物的化学和物理特性；

　　(l) 水面船只上矿物资源的加工；

　　(m) 采矿试验的位置和试采区的边界；

　　(n) 试采活动的可能期限；

　　(o) 试采计划(采集模式、扰动地区等)；

　　(p) 待采矿床的基线图(如：侧扫声纳、高分辨率测深)；

　　(q) 地区和当地环境基线数据状况。

28. 每一承包者应在其特定活动方案内具体说明；如在不能适当地减轻其后果，可因造成的严重环境损害而导致暂停或修改活动的事件。

D. 进行特定活动期间应作出的观测和测量

29. 承包者应根据将进行的特定活动向秘书长提供部分或全部下列资料：

　　(a) 采集器在海底轨迹的宽度、长度和型式；

　　(b) 采集器在沉积物或岩石中的贯入深度和造成的横向扰动；

　　(c) 采集器采集的物质数量和种类；

　　(d) 从采集器上的矿物资源分离出来的沉积物比例、采集器排放的物质重量和大小、海床作业羽流的大小和几何形状，以及与作业羽流内部的颗粒大小相比，作业羽流的轨道和空间范围；

　　(e) 从作业羽流至无显著沉积之处的沉积面积和厚度；

　　(f) 水面船只的排放羽流量、排放水中的颗粒物浓度和构成、排放物的化学和物理特征、排放羽流酌情在表层、中层水域或海床的行为。

E.　在进行特定活动后应做出的观测

30.　承包者应根据将进行的特定活动向秘书长提供部分或全部下列资料：

　　(a) 受试验采矿活动引起的作业羽流和排放羽流影响地区的再沉积物和岩石瓦砾厚度；

　　(b) 沉积物导致的窒息问题对底栖生物群落丰富性和多样性的影响，以及该问题导致的主要物种行为变化；

　　(c) 采矿区底栖生物群落的分布、丰富性和多样性的变化，包括重新定殖；

　　(d) 在预期不会受到包括作业和排放羽流在内的采矿活动影响的毗邻区内，底栖动物群落可能发生的变化；

　　(e) 在试验采矿期间，排放羽流深度的海水特性的变化，以及排放羽流深度及更深区域内动物行为的变化；

　　(f) 在矿床方面，试验采矿后的矿区地图，突出地貌变化；

　　(g) 受作业和排放羽流再沉积物影响的主要底栖动物的金属含量；

　　(h) 对参照区和试验区的当地环境基线数据重新采样，并评估对环境的影响；

　　(i) 在热液环境下流体通量方面的变化及生物对这一变化的相关反应；

　　(j) 水流变化及生物对水流循环变化的反应。

F.　针对单个资源类型的附加要求

多金属结核

31.　除上述资料外，还须针对多金属结核提供以下资料：

如需使用底表滑车、耙网、拖网或类似工具在超过 10 000 平方米的区域内进行采样,则须进行环境影响评估。

多金属硫化物

32. 除上文提到的资料外,还须针对多金属硫化物提供以下资料:

(a) 热液环境中液体排放的任何变动及相关动物的变化(酌情使用照片记录、温度计量和其他测量标准)均应进行记录;

(b) 对于活性硫化物矿床,应对温度-动物关系进行分析(例如在每个次生境内对 5 至 10 个不连续点进行录像温度测量);

(c) 须标示出存在包括物种专化、聚集的化合生物群体在内的主要分类单元的地点,从拟定矿址起方圆 10 公里内,主要分类单元与可能采矿的地点有关的位置均须进行评估;

(d) 同多金属硫化物矿床有关的小型水底生物和微生物群落结构和生物量,应利用岩石挖掘机或岩石钻孔采样器所得样品,如果可行,也可以用遥控潜水器或潜水器采样研究。应取得统计上可靠的多金属硫化物样本数量,其中生活在岩石上、洞穴中和矿坑里的物种类别应予以确认;

(e) 采集动物样本时,应根据次生境运用遥控潜水器或潜水器技术精确采样,并将样本分别放至相应的样品盒内;

(f) 应查明每个次生境内优势分类群的丰量及覆盖范围。

富钴铁锰结壳

33. 除上文要求的资料外,还须针对富钴铁锰结壳提供以下资料:

(a) 与富钴铁锰结壳有关的群落分布可能非常集中。因此,必须按照生境类型进行生物采样,这将根据地形(如海山的山顶、山坡和基底)、水文地理、海流状态特征、优势巨型动物(如珊瑚丘)、水含氧量(如果最小含氧层与地貌相交)来确定,也有可能根据深度确定。每个次生境类型均应以适当的采样工具来取得同样的生物样本;

(b) 应尽可能对每个采矿权区内采矿作业可能关注的所有地貌的代表性组合进行生物采样,以便了解该区域内群落的分布情况;

(c) 应使用摄影或录像断面来确定生境类型、群落结构以及巨型动物与特定类型底质的关联。资源量、覆盖率和巨型动物多样性最初应至少以四个断面为依据。这些断面应从距离海山基底 100 米或 100 米以上的平坦海底开始,沿着海山山坡越过山顶。对较大的海山地貌,可能需要更为有限的采样。应在可能进行试验开采的结壳区作进一步的断面调查;

(d) 建议每一层的同样的遥控潜水器或潜水器样本数量应符合可靠的统计要求，以作为标本和用于评估物种丰富度；

(e) 试采前，应以拖拽摄影/录像断面来评估生活在海底的底栖鱼类和其他自游生物，可用部署的摄影机在不同时间记录，或可用潜水器或遥控潜水器观察和摄影。海山可能是重要的生态系统，能为多种鱼类提供聚集产卵或觅食的生境。试验采矿作业可能影响鱼类行为；

(f) 同富钴铁锰结壳有关的小型动物和大型动物群落结构和生物量应利用遥控潜水器或潜水器取样研究。多金属硫化物样本数量应在统计上可靠，其中生活在岩石上、洞穴中和矿坑里的物种类别应予以确认。

五. 数据的收集、报告和归档程序

A. 数据的收集和分析

34. 依照本建议收集的数据类别、收集频率和分析技术应依照可以获得的最佳方法决定，并使用某一国际质量制度以及经认证的操作程序和实验室。

B. 数据归档和检索方法

35. 在出海考察完成一年后将附有观测站清单、活动清单和其他有关元数据的测量船报告提交管理局秘书处。

36. 承包者应向管理局提供所有相关数据、数据标准和数据目录，包括以与管理局商定的格式提交原始环境数据。管理局为制订关于保护和保全海洋环境及安全的规则、规章和程序而需要的数据和资料，除专利设备的设计数据外，（包括水文地理、化学和生物数据在内的资料）均应在出海考察完成四年内供科学分析免费使用。应在万维网上公布每个承包者所掌握的数据目录。除实际数据外，还应包括详细说明分析技术的元数据、误差分析、对失败及应避免的办法和技术的描述、对数据是否充分的评论以及其他有关描述。

C. 数据报告

37. 应依照规定的格式，定期将经过评估和解释的监测结果和原始数据一道报告管理局。

D. 数据的递送

38. 除设备设计数据外，依照第 29 和 30 段的建议，为保护和保全海洋环境所收集的全部数据应在出海考察完成四年内递送秘书长，以便在符合有关《规章》所载保密规定的情况下免费供科学分析和研究使用。

39. 承包者如掌握其他任何可能与保护和保全海洋环境目的有关的非机密性数据，也应递送秘书长。

六. 填补知识空白的合作研究和建议

40. 合作研究可提供更多有助于保护海洋环境的数据，并可能对承包者更具成本效益。

41. 多个海洋学科和各个机构之间相互交流合作，有助于填补因承包者独自开展工作造成的知识空白。管理局可根据《公约》为协调和传播这种研究结果提供支持。管理局应发挥咨询职能，向采矿承包者提供寻找合作研究机遇方面的咨询，不过，承包者应自行选择与学术界和其他专业领域建立联系。

42. 合作研究方案可能特别具有协同作用，可以将采矿公司、合作研究所和机构的专门知识、研究设施、后勤能力和共同利益汇集起来。这样，承包者就可以最好地利用船只、自动潜航器和遥控潜水器等大型研究设施，以及研究机构在地质、生态、化学和物理海洋方面的专门知识。

43. 为解答关于采矿对环境影响的一些问题，必须进行具体实验、观察和测量。并非所有承包者都需要进行同样的研究。重复某些实验和影响研究不一定增加科学知识或促进影响评估，反而会不必要地耗费财政、人力和技术资源。鼓励承包者探索联合开展国际合作海洋研究的机会。

附件一

解释性评注

1. 本建议旨在确定所需的生物、化学、地质和物理的海洋学资料，以确保有效保护海洋环境，使其不受在"区域"内的活动可能造成的有害影响，并指导可能的承包者拟订勘探海洋矿物的工作计划。

2. 勘探工作计划应包括考虑到下列环境要求的活动：

   (a) 确定环境基线研究，以便根据该研究比较自然变化和采矿活动造成的影响；

   (b) 提供监测和评估深海床采矿对海洋环境影响的办法；

   (c) 提供开采"区域"内海洋矿物合同所需环境影响评估的数据，包括指定影响参照区和保全参照区；

   (d) 提供区域管理资源的勘探和开采、生物多样性的保护和受深海底采矿影响地区的重新定殖的数据；

   (e) 建立表明海洋矿物的勘探没有对环境造成任何严重危害的程序。

3. 根据目前建议的方法，预计主要影响发生在海底。在采矿船上的处理、排放羽流或使用不同的技术可能带来更多的影响。

4. 在海床，采矿设备会干扰和搅乱海底(岩石、结节和沉积物)，造成近海底的某种物质作业羽流，在某些情况下可能释放出有害的化学物质，这将影响海洋生物。必须减轻基岩的损失，为在海底的自然重新定殖提供基础，并制定各种方法，最大限度地减少直接干扰海底和作业羽流携带和存放的物质在时间和空间上的影响。

5. 在海面采矿船上处理矿物泥浆，会给海面带来大量寒冷的、养分丰富的、充满二氧化碳和颗粒的海水，必须小心地控制这些海水，以便不改变海面生态系统，允许气候活性气体脱气，并排除开采过程释放的有害金属和化合物，特别是与被还原矿物相有关的化合物，如硫化物。添加任何化学物以便使得矿物相从废料和海水中分离的作法，必须评估其潜在的有害影响。

6. 需要控制排放羽流，以限制有害的环境影响。海面排放可能会将充满颗粒的海水带到贫养颗粒稀少的水域，限制光的穿透力，改变海水温度，并将高养份带到低养分地区，严重影响初级自养有机体的物种组成和大洋生态系统。在最低含氧区的更深水域排放，可能会触发释放有害的生物活性金属，在更深水域排放，会将颗粒丰富的海水带到具有稀疏但通常不同的颗粒的大洋群落。在海床的排放会将更温暖的海水和更细颗粒物增加到作业羽流中。

7. 基线数据的要求包括以下七类：物理海洋学、地质学、化学/地球化学、生物群落、沉积物性质、生物扰动和沉积作用。

8. 需要物理海洋学数据是为了估计作业羽流和排放羽流的潜在影响，加上海底地貌学的资料，能预测物种潜在分布情况。需要获得关于海底上、中层水和海底边界层之上的海流状况、温度和浊度状态的资料。

9. 在排放羽流可能的深度附近，需要测量海流和颗粒物质，以预测排放羽流行为，并评估水中自然颗粒量。

10. 应通过电导率-温度-深度探测器系统来测量水柱的海洋学结构。需要分析表层水域结构的时间变化。应获取从海面到海底的电导率-温度-深度剖面图和断面图，以确定整个水柱的分层特征。可以通过长程锚系设备的数据和补充性声学多普勒海流剖面设备推导出海流和温度场结构。如自主水下航行器（水下机器人）或滑翔机，可用于远程系统提供的空间和时间的资料。所需锚系设备的数目和位置应考虑到有关地区的大小，以充分确定海流状态特征，特别是在复杂地貌学地区。建议的采样精度是以世界海洋环流实验及气候多变性和可预报性标准为依据，站距不超过50公里。在横向梯度大的区域（如边界流内或主要地形结构附近），应缩短水平采样间距，以提高梯度分辨率。锚系设备上的海流计数目应根据所研究地区的地形特征尺度（距海底高度的差异）加以确定。建议的位置应尽可能接近海底，通常是1米至3米。上层海流计的位置应超过地形最高部分1.2至2倍。同时，海流计的基本高度应该是离海床10米、20米、50米、100米和200米。

11. 建议通过卫星资料进行分析，以了解有关地区的综观尺度海面活动情况以及较大尺度的事件。

12. 水柱结构应通过连续剖面或水柱样品加以确定。测量垂直平面内水的属性的样品尺寸应不超过100米。在梯度大的区域同样也要提高分辨率（例如，为确定最小含氧层的位置和进行量化）。但对空间结构大的参数（如梯度、极值），取样精度则要根据区域海洋学结构特征确定。由于地形对海洋地貌空间尺度的影响很大，预计这将需要一个实地勘察计划，根据地形尺度确定站位间距，如增加坡度大的地区的采样精度。

13. 第二组基线数据（化学海洋学）是一项特殊要求，目的是在水柱或在海床作出任何排放以前收集数据。为了评估采矿可能造成的影响，包括试验采矿对水成份的影响（如富含的金属），以及对生态系统过程（生物活动）的影响，收集的数据至关重要。样本应在指定进行物理海洋学测量的相同位置予以采集。应尽可能从化学角度确定矿床上覆水层和沉积物中孔隙水的特征，以评估沉积物与水柱之间的化学交换过程。应测量的化学参数和建议规程列于国际海底管理局题为"环境数据和信息的标准化：指导原则的制定"的报告第23章。在同一报告中，表3列出了至少应测量的具体参数（磷酸盐、硝酸盐、亚硝酸盐、硅酸盐、碳酸盐碱度、氧、锌、镉、铅、铜、汞、总有机碳)。一旦查明拟议试采技术的细节，应增加所列参数，以包括试验开采时会释入水柱的任何可能造成危害的物质。所有测量结果必须达到符合公认科学标准(例如，气候多变性项目，以及微量元素和同位素海洋生物地球化学循环的规程)的精度。

14. 为便于将来分析更多参数，应收集适合于溶解物和颗粒物分析的水样，并将其保存在一个可便于今后研究的存放库中。

15. 海上测量方案还需要测量垂直剖面和时间变化。

16. 确定物理和化学海洋学基线的工作大纲包括：

　　(a) 视情况参考勘探区海床地形特征，采集具有足够分辨率的水柱水文和透光数据，以确定主要形态的特征；

　　(b) 以符合环境情况的时空尺度，采集适于评估溶解物和颗粒物在水平和垂直平流和涡流中的扩散潜力的数据；

　　(c) 制作和验证一个包括为观测扩散所必需的时空尺度在内的数字环流模型，并进行试验，例如为调查意外溢泄的潜在影响进行试验。

17. 无论使用哪种采矿技术，都会有一定数量的颗粒和(或)溶解采矿副产品释入临近所开采矿床、运输管道和海面加工地点的水柱中。使用目前提议的勘探和试采技术，预计试验开采的主要副产品是矿石机械碎裂后产生的颗粒。采矿者理应会尽力减少有经济价值的矿物的流失，但假定零流失显然是不切实际的。由于不知道颗粒的大小，假定试采副产品中会有非常细小的颗粒，可悬浮数月之久。释入有毒物质的可能性也不能排除。束缚金属在生物内是不存在的，但在特定环境条件下，金属溶解和金属中毒是可能发生的(如海洋无脊椎动物体内的低酸碱度、水柱中的最小含氧层等)。其他可能的例子还包括意外或故意排放勘探和试采时使用的化学品。采集物理基线数据的首要目标是评估颗粒和溶解物质的扩散潜力。为了监测和减轻试采的意外溢泄的影响，也需要了解扩散的潜力。应评估未来矿址附近的扩散潜力，即使开采技术的设计目标已包括避免向环境释入任何试采副产品。

18. 对试采活动的每一种副产品，必须建立其造成重大环境影响的时间尺度的模型。这些时间尺度可能受稀释度影响，在这种情况下，扩散评估中必须确定靶区附近的垂直和水平混合率。评估扩散潜力的时间尺度应小至潮周期，大至这些"环境影响"的最大时间尺度。评估深海扩散潜力通常要作长期监测。确定深海平均流向和流速，可能也需要多年的海流计数据。评估涡动扩散要更加困难，通常要应用拉格朗日测量法，例如中性漂流浮标和染色测流等。因此，建议在勘探之初就对水柱内多个深度的区域扩散潜力进行评估。可以用水面源流浮标和阿尔戈浮标的现有数据，分别评估近水面处和近 1 000 米处的扩散情况。在开始试验开采前，必须对试采时可重大影响环境的副产品最有可能释入水柱、最有可能发生意外溢泄的所有深度进行扩散潜力评估。需要哪种垂直分辨率，将由区域动力模态(水平流的垂直剪切)决定，但预计至少要在三个层面取样(近表层、中层、近底层)。近海床的底层流，尤其必须以适当的时空尺度测量，例如，可使用放置于海底的声学多普勒海流剖面仪进行测量，用充足的采样分辨出潮汐优势流。 在试采矿区附近的地形起伏地区，必须提高水平和垂直分辨率，以分辨出通常与深海地形有关的优势动力结构(边界流、圈闭涡流、溢流等)。

19. 在活性热液喷口地区附近，通常可从水文、化学和光学观测中获得中性浮力羽流一级的一阶扩散信息。从采矿副产品扩散潜力的角度解释对羽流扩散的观测，由于多种因素而变得复杂，包括：对热液源的时间和空间特性普遍不太了解；热液羽流平衡扩散的事实，受来源和环境背景特征的影响；热液羽流颗粒的组分(及随后的沉降速度)无法控制。不过，当热液羽流的扩散发生在矿资源附近，为了设计后续扩散对照研究，观测热液羽流的扩散仍会是有用的。为完成对扩散潜力的评估，必须制作一个包括观测扩散所需的时空尺度在内的三维流体动力学数字模型。

20. 承包者使用的模型，应获得海洋制模人士的认可，适合于在海床附近进行扩散研究；简单盒式模型或水深垂直分辨率低的Z坐标模型都不可能胜任。这个模型的细节将取决于靶区的地形和海洋环境。分辨率应符合上文提到的尺度(梯度应以多点分辨)，模型需与观测数据进行比较验证。验证完成后，应将数字模型用于调查潜在的假设情况，例如，估计意外溢泄的潜在影响，或某些极端情况(如风暴)等。

21. 建立模型有助于根据试采作出有关商业开采的推断。

22. 第三组基线数据(沉积物性质，包括孔隙水化学)是为了预测排放羽流的行为以及试采活动对沉积物成分的影响。为此应测量下列参数：比重、总密度、剪切强度和粒度大小，以及从氧化到亚氧化状态或亚氧化到氧化的沉积物深度。测量应包括，沉积物中的有机碳和无机碳、某种形式可能有害的金属(铁、锰、锌、镉、铅、铜、汞)、营养物质(磷酸盐、硝酸盐、亚硝酸盐和硅酸盐)、碳酸盐(碱度)和孔隙水中的氧化还原体系。对于孔隙水和沉积物的地球化学特征应该测量至20厘米深度。建议规程列于国际海底管理局题为"环境数据和信息的标准化：指导原则的制定"的报告第23章表1和表2。应收集有代表性的试采前岩心和沉积物样品并将它们归档。

23. 第四组基线数据(生物群落)旨在收集"自然"群落数据，包括"自然空间和时间变异性"，以评价各种活动对海底动物和大洋动物的影响。

24. 确定浮游和底栖生物群落的特性，应在可能会受到采矿作业影响的所有次生境内进行，并确定建立保全参照区和减轻影响战略的区域分布范围，以促进受采矿活动影响的地区自然重新定殖。

25. 建议采用地理信息系统测绘工具，以便进行生境测绘、记录采样地点和规划分层随机抽样方案。

26. 应当采用保护生物的标准做法，包括对次生境进行离散采样，样本分开放入加盖样本容器(最好是绝缘)，以免回收时受到冲刷；在采集 12 小时内收回样本以获得优质材料；在船上立即处理和保存样本，或存放在冷藏室，但保存样本前的存放时间不超过六小时(如计划进行分子鉴定，冷藏室存放时间须更短)。

27. 应采用多种保存方法，包括：在分类研究中用福尔马林保存；在分子研究中用冷藏法或 100%乙醇保存；在进行稳定同位素分析中干燥保存动物个体和(或)所选组织；冷冻整个动物和(或)一些组织进行痕量金属和生物化学分析。

28. 应尽可能获取彩色生物照片记录(在原地的生物和(或)在甲板上的新采材料，以记录自然色彩)。这些照片应该成为档案收藏的一部分。

29. 所有样本和样本衍生物(例如，照片、保存的材料、基因序列)均应附有相关的收集资料(最低要求是日期、时间、取样法、经纬度、深度)。

30. 在海上和实验室对样本进行鉴定和计数时，应同时酌情进行分子和同位素分析。在实际可行情况下，应把物种丰度和物种生物量列表作为标准产品。

31. 样本必须存档，以便与其他地点的分类鉴定进行比较，并了解物种组成随时间变化的详细情况。如果物种组成有变化，变化可能不明显，必须与原有动物(如原来仅是一种推定性鉴定)对比。建议将样品作为国家和国际数据集的组成部分加以归档。

32. 方法和结果报告的标准化极为重要。标准化应包括仪器和设备、一般质量保证、样本采集、处理和保存技术、船上的确定方法和质量控制、实验室内的分析方法和质量控制、数据加工和报告等。方法标准化将导致所有地貌结构相同地区的结果具有可比性，以及为监测努力选择重要参数。

33. 在试采前必须对生物群落的空间变化进行评估；如果区域内有矿床，则应至少在 3 个矿床进行取样，矿床之间的距离应大于90%源于采矿作业的悬浮颗粒的预测沉积距离。因为某些矿床的动物种群属集合种群，通过扩散和移植相互作用，所以必须了解待搬移矿床中各个种群的隔离程度，某一种群是否充当其他种群的重要养育种。

34. 可以根据海床特征和需要采集的动物大小采用不同的采样器，因此，收集基线生物数据的方法，必须符合各种具体情况。在松软沉积物使用多管采样器，可以在同一测站将不同采样管分配给采用不同技术鉴定和计数动物的专家。但应强调的是：必须调整管径，以避免对沉积物造成过多的扰动或被诸如结核和岩屑等较大颗粒阻塞；生物样本必须在丰度和生物量方面均足够大，以便供严格统计分析使用。

35. 在硬底质(多金属硫化物、钴结壳、玄武岩)，特别是在生物较小的硬底质环境中定量取样具有一定的难度。可能需要采取多种采样技术，包括对较大生物进行吸管采样和抓斗抽样，在一些情况下，录像记载或拍摄断面照片，可能是制作物种资源量表的唯一适当手段。建议对所有生境采用遥控潜水器精确采样。自动潜航器或遥控潜水器与自动潜航器混合型机器，最终可能被证明是理想的勘测/采样平台。外露矿物表面可能不规则，梯度大，难以成像量化，必须借助遥控潜水器。

36. 应采集的数据和针对各类型/大小的海床动物采用的方法如下：

(a) **巨型动物**。关于巨型动物的丰度、生物量、种类结构和多样性的数据应以录像和照相剖面为依据。照片应有足够高的分辨率，以辨别最小尺寸在 2 厘米以上的生物。每一照片应覆盖至少 2 米宽的范围。对于采样站，照相剖面的型式应根据海底的不同特征，如地形、沉积物特征的变异性及矿床的丰度和类型加以确定。应以在现场收集的样本证实识别的物种。应该进行采样来描述体系内丰度较低但可能是重要的巨型动物(包括鱼类、蟹类和其他游动生物)的特性。应保存这些生物的代表性样本，以供分类学、分子和同位素分析；

(b) **大型动物**。应通过样品的量化分析获得大型动物(>250 微米)的丰度、种类结构、生物量和多样性的数据。在软沉积物地区，应酌情利用箱式采样器(0.25 平方米)或多芯采样器收集具有适当深度分布(建议深度：0-1、1-5、5-10 厘米)的垂直剖面数据；

(c) **小型动物**。应通过样品的量化分析获得小型动物(<250 微米，>32 微米)的丰度、生物量和种类结构的数据，在软沉积物地区，应利用多芯采样器收集具有适当深度分布(建议深度：0-0.5、0.5-1.0、1-2、2-3、3-4 和 4-5 厘米) 垂直剖面数据。每一采样站可以专门为此目的采用一个多芯采样器管；

(d) **微型动物**。应以腺苷三磷酸或其他标准分析来确定微生物代谢活性。在软沉积物地区，建议以采样间距为 0-0.5、0.5-1.0、1-2、2-3、3-4、4-5 厘米获得垂直剖面数据，每一采样站可专门为此目的采用一个多芯采样器管；

(e) **结核动物**。应选用在箱式采样器上部的选定结核或遥控潜水器采样确定附于结核的动物的丰度、生物量和种类结构；

(f) **底栖食腐动物**。应在研究区安装一个带饵定时照相机，时间至少一年，以研究表层沉积物的物理动力学，并记录表层巨型动物的活动程度和再悬浮事件的频率。可利用带饵捕集器确定群落物种构成的特性。应使用短期(24 至 48 小时)带诱饵捕集器确定端足目食尸动物群落物种构成的特性。

37. 如可能有水面排放,应该确定水柱顶部 200 米浮游生物群落的特性。视羽流模式研究而定,可能需要在一个广泛的深度范围研究浮游群落,尤其是胶质浮游生物。试验采矿之前,还必须评估排放羽流深度附近及以下深度附近的大洋群落结构。此外,应使用近海底开关式中上层拖网或遥控潜水器技术确定海底边界层浮游群落。应当测量浮游植物的组成、生物量和生产率、浮游动物的组成和生物量以及细菌浮游生物的生物量和生产率。应该研究上表层水浮游生物群落的以季节和年际为单位的时间变化。可以利用遥感补充海上测量方案。必须对遥感结果进行校准和验证。

38. 应评估优势底栖鱼类种群以及无脊椎动物物种的肌肉和靶器官内的痕量金属和潜在有毒元素。在开始试验采矿作业之前应在一段时间内重复一次(以测量自然变异性),此后每年至少一次,以监测因试采活动而可能产生的变化。可能需要同时进行监测并在船上和实验室进行试验,以在试采前彻底解决潜在的生态毒理学影响问题,包括排放羽流发生在海面或中间水层时,解决可能对浮游植物和浮游动物的影响问题。

39. 必须在试采活动前(最理想是每年一次,连续进行三年)对至少一个潜在试采区和保全参照区进行关于时间变化评估。国际海底管理局应当在试采前对这种时间研究进行审查。应根据录像和/或照相调查在海底的时间变化的研究。对于硫化物矿床,相关的温度和采样的次生境是必需的。简单的延时照相记录海底观测系统每年每天 4 至 5 次记录海床,将能提供高分辨率的时间数据。在可能的情况下,应进行生态系统研究,如优势分类群的生长率、补充率和营养状态。在多个试采站点,承办者必须评估一个站点的时间研究在何种程度上适用于其他站点,管理局也应审查这项评估。

40. 应探讨分类标准化事宜,而且为了促进样本鉴定工作,研究海洋生物分类的主要实验室或样本收藏单位应交流鉴定编码、标准、图谱和序列。分类专长极为缺乏,即便是动物的主要类别(例如,鱼类、软体动物、十足目甲壳动物、珊瑚、海绵、棘皮动物)方面也很缺乏。每个矿址应评估所有这些类别。可以通过建立合作分类中心或专家小组最有效地进行评估。如果使用前后一致的规则并保留对照样品,数字分类法(例如第 1 种、第 2 种)是基线研究的良好基础,但传统的分子分类法必须得到承包者的直接支持,或作为合作研究方案的一部分得到支持。分子分类法将继续迅速发展,所有层级特别是微生物层级的生物调查将变得比现在更加快速,经济上也更加可行。分子序列应存放在基因序列数据库或国际公认的同等序列数据库中。

41. 试采后动物演替的资料有助于确定海底生物在受采矿影响后恢复的潜力。数据应当包括试采前后试采区附近的样本。应当在试采后的若干时间，在距离开采区的多个间距采样，以确定海底羽流的影响。可以合作进行这些影响试验。

42. 可以通过对异常死亡事件，例如鱼群死亡以及鱼群、海洋哺乳动物、海龟和海鸟异常大规模集中异常事件的观察，收集排放羽流对大洋水生物群造成的其他影响的资料。

43. 光照的垂直分布对透光层的初级生产力有着直接的影响。如果有水面排放，垂直光照强度剖面将显示排放颗粒在不同的时间、深度和采矿船的距离对光照衰减和光谱带的影响。可以利用这些测值探测悬浮颗粒在密度跃层的累积情况。此外，任何排放羽流可能导致释放大量的营养物质、温度变化、释放出二氧化碳和(在硫化物矿址)潜在的 pH 值的变化以及海洋酸化。

44. 第五组基线数据(生物扰动)旨在收集沉积过程的背景"自然"数据，包括"自然空间和时间的变异性"，以模拟和评价采矿活动对这些过程的影响。生物扰动是指生物将不同沉积物相互混合的现象，必须测量其速率，以分析在采矿扰动之前生物活动的重要性；在考虑到沉积物的变异性情况下，可以通过柱状样上过剩 Pb-210 活性的剖面进行评价。应在每个柱状样的至少五个深度(建议深度为 0-0.5、0.5-1.0、1-1.5、1.5-2.5、2.5-5 厘米)测定过剩 Pb-210 活性。应使用标准的平流或直接扩散模型来评价生物扰动速率及深度。

45. 第六组基线数据(沉积作用)旨在收集数据，以模拟和评价活动排放羽流的影响。建议采用锚系设备，在系缆上装置沉积物收集器，一个在 2 000 米以下的深度，用于分析来自透光层的颗粒通量的特性，另一个在离海底约 500 米的深度，用于分析到达海底的物质通量的特性。底部收集器必须适当高于海底，以避免沉积物再悬浮的影响。沉积物收集器应放置适当的一段时间，每月取样，检查季节性通量变化，且评估年际变异，特别是重大气候事件(例如，厄尔尼诺、拉尼娜)年间的年际变异情况。收集器可以使用上文所述海流计所用的同一锚系设备。由于从上水柱流进深海的物质通量对底栖生物食物循环具有重要生态意义，因此必须对中层水的物质通量和流到海底的通量进行充分分析，以比较尾矿排放的影响。有关中层和底层的试采排放颗粒现场沉降速度的知识，有助于检验和改善精确预测中层和海底羽流扩散的数学模型的能力。这一资料对排放羽流的关切和作业羽流对海底生物群系和海底边界层浮游生物的影响的关切具有相关意义。

46. 第七组基线数据(地质特性)旨在确定环境的异质性和协助确定合适的采样地点。

47. 在试采副产品扩散可能对环境造成重大影响的地区(即数字环流模式覆盖的整个区域)，应收集高分辨和高质量的测深数据。

13-24712 (C)

48. 作为高分辨率基线测绘的一部分，应酌情收集一套具有代表性的采前海床沉积物岩心，并储存于一个合适的存放处。应使用收集上端数厘米的未经干扰样品的采样器。

49. 对于硫化物矿床，必须把热液活动状况分成两类，即目前没有喷发热液流体但仍受到热源潜在影响的休眠场址，或在远离当前热源的场址的死亡场址。从生态学角度来看，可以认为这两种情况基本上相同。但是，从生物学角度来看，重要的是场址是否有活跃热液喷口(情况 1)，计划在本已非活跃的场址进行试采作业是否会使热液重新喷发(情况 2)，或者这种场址即使受到试采扰动也不会喷发热液(情况 3)。因此，基线评估必须确定靶区属于这些情况。

50. 指导建议第四部分涉及环境影响评估。有些活动不会对海洋环境造成严重损害，无需进行环境影响评估。这些活动已一一列出。对于需要进行环境影响评估的活动，必须在进行特定活动之前、之时和之后执行一个监测方案。这涉及两种业务活动，以确定有关活动对生物活动的影响，包括被扰动地区生物重新定殖情况。

51. 在勘探期间进行的环境研究将以承包者提出的计划为基础，由法律和技术委员会审查，以确保计划的全面性、准确性及统计上的可靠性。计划然后将成为合同的活动方案一部分。在勘探期间进行的环境研究除其他外，将包括监测环境参数，以确定调查结果是在海床、中层和上层水柱正开展的任何活动不会造成严重环境损害。

52. 采集系统的试验被视为审查采矿的环境影响的一个机会。承包者应至迟在试验开始以前一年或在管理局年会开始以前三个月向管理局提交一份采集系统试验计划。采集系统试验计划应作出安排，监测可能造成严重环境损害的承包者活动所影响的地区，即使这些地区位于提议的试验地点以外。在可行的情况下，方案应尽可能包括资料，具体说明如造成严重环境损害，在不能适当地减轻其后果时，应暂停或修改试验的特定活动或事件。方案还应规定，在试验开始以前或在其他适当时候，可以对试验计划进行必要修改。该计划应包括制定策略，保证利用合理的统计方法进行采样，设备和方法是科学上可以接受的，规划、收集和分析数据的人员的科技水平达到要求，并按照规定的格式把所得到的数据提交管理局。

53. 在试验采集系统期间，建议划定影响参照区和保全参照区。选择影响参照区应以该地区能代表试验地点的环境特性(包括生物区系特性)为考虑因素。保全参照区的地点应仔细挑选，面积要足够大，以不受局部环境情况的自然变化影响。参照区的物种组成应与试验地区相类似。保全参照区应位于试验地区和受到羽流影响的地区以外。

54. 承包者提议的监测方案必须包括如何评估试验采矿活动的影响的细节。

55. 建议第五部分涉及数据的收集和报告。建议在收集和分析技术中采用最佳做法，例如联合国教育、科学及文化组织(教科文组织)政府间海洋学委员会(海洋学委员会)所开发，可以从各世界数据中心和国家海洋学数据中心取得的技术，或管理局建议的技术。应在万维网上公布每个承包者所掌握的数据目录。

56. 环境基线研究和监测方案是重要的数据和知识来源。数据归档和检索系统应有助于所有承包者搜索对环境具有重大意义的指标要素。综合利用这些数据和经验可以有助于所有承包者。增强数据的存取功能可以提高模型的准确性，并可以有助于：

(a) 确定最佳做法；

(b) 制定一种共同的使用方式，用以管理数据；

(c) 开展多边意见和数据交流，促进国际合作；

(d) 促使有关各方注意失败经验，以节省时间、人力和物力；

(e) 减少对一些参数的测量，以节省开支。

57. 可以通过这些海洋实测数据对模型加以确证和微调，其后还可以部分地补充成本昂贵的数据收集工作。一些采矿权区可能与其他采矿权区毗邻或相近，因此就更有理由让数据能够易于取用以及联合编制模型，以便能够评估各种活动给邻近地区造成的影响，而不必重复环境评估的所有方面。

58. 建议第六部分载有关于合作研究和填补知识空白的建议。近几年来，深海科学知识和技术发展出现了一场革命。世界上若干研究所正在进行广泛的研究。这些研究机构都拥有相当多的生物和科学知识专长，可能愿意同采矿承包者联合进行一些所需的环境研究。它们可以提供采样设备和知识专长，可能希望登上承包者的船只，协助在边远海区采样。

59. 合作研究可有助于按照在有关区域收集的地质、生物和其他环境记录制定自然变化基线。

60. 通过科学界同承包者结成的伙伴关系，可导致建立对照样本存放库和基因序列数据基存放库、进行稳定的同位素分析和建立解释及物种/标本图片库。通过伙伴关系获得的基本科学信息应能够导致以低成本-高效益方式获得信息，从而有助于开发规划和决策，并导致在试验采矿之前和期间及时察觉任何重大的环境影响或问题。这些信息可以用来在尽量减少冲突的情况下找到解决办法。

61. 潜在试采矿址内的动物群落是否有一大部分面临灭绝的风险，在很大程度上取决于物种分布范围很小还是很广。评估将需要综合动物的生物地理学资料。应通过承包者之间的合作以及同科学界的合作来帮助这项评估。

62. 应合作进行模型研究，同实地研究密切相连，评估在各种管理战略下，包括在设计保护区的各种方案下物种灭绝的风险。总体养护战略需要考虑到动物群落受到的非试采活动的影响。

63. 承包者应与管理局以及国家和国际科学研究机构携手开展合作研究方案，扩大环境影响评估工作，减少评估费用。

64. 管理局将根据《公约》的要求，促进并鼓励在"区域"内进行海洋科学研究，并协调及传播这类研究和分析所获得的结果。

附件二

技术用语词表

活性硫化物 (Active sulphides)	有暖水流经的多金属硫化物。活性硫化物(也称热液喷口)向海底-海水界面输送被还原化合物(如硫化物)，这些化合物可再被自生或共生微生物氧化或自养代谢。
ATP	腺苷三磷酸，是一种复杂的有机化合物，所有生物都以其作短期储存和转换能量之用。可以利用 ATP 的存在数量测算沉积层中微生物的总生物量，因为 ATP 数量反映活细胞(多为细菌)的数目。
次深海(Bathypelagic)	深度在 3 000 米以上的大洋环境,深于中深海层。
海底(的)(Benthic)	与洋底有关的。
海底边界层 (Benthic boundary layer)	指位于洋底水与沉积界面之上的水层。
近底层(的) (Benthopelagic)	指非常接近海底，或在有些情况下，与开阔洋较深部分海底接触的层带。
底栖生物(Benthos)	生活在洋底上或洋底下的各类海洋生物。
化合作用(Chemosynthesis)	微生物利用被还原化合物氧化产生的能量，把无机碳代谢变为有机碳(细胞)的过程。化合作用是深海热液喷口食物网的基础。对于化合作用这种一般现象，化能自养是更贴切、更精确的术语；两个术语常被交替使用。
富钴铁锰结壳 (Cobalt-enriched ferromanganese crusts)	富含钴的铁锰结壳，一般沉淀形成，赋存于海山和海岭等地形起伏较大的深海地貌的硬底质之上。
温盐深测量(CTD)	指一套测量电导率(反映盐度)、温度和深度(通过测量压力确定)的办法。头两个参数是海洋观测所必不可少的，深度剖面则是确定大洋垂直结构所需要的。可通过装置其他传感器测量其他参数，如 pH 和溶解氧浓度。
累积影响 (Cumulative impacts)	过去、目前或可预见的其他行动逐渐造成的变化的影响。
底栖的(Demersal)	生活在某一水域底部或附近的生物体。
昼夜(Diel)	指一段 24 小时的时间，一般包括一个白天和邻接的黑夜。

直接影响(Direct impacts)	某种行动直接造成的影响,如搬移硫化物或其他物质而失去生境和种群。
栓塞(Embolism)	鱼类的血液和组织含溶解气体。深海鱼类被带到水面时,压力减少使溶解气体以气泡形式膨胀(栓塞),导致外形毁损,内脏从口孔突出。
特有性(Endemism)	指物种局限于某一特定地理区域的程度;特有性通常发生在同外界有一定隔离的地区。生物学家还使用"特有"一词指地域分布可能很广,但局限于具体生境的生物,如热液喷口的生物。
底上动物(Epifauna)	在海底生活的动物,或是附着海底,或是在其上自由游动。
浅海层(的)(Epipelagic)	指深海上层,在中深海层之上,而且一般在氧最小层之下。
透光层(Euphotic zone)	指有足够阳光以发生光合作用的大洋上层。在清澈的大洋水域,透光层最深可达150米。
动物(Fauna)	包括无脊椎动物和脊椎动物。
盐跃层(Halocline)	指具有大盐度梯度的水层。
硬底质(Hard substrata)	碳酸盐结核、固体物质、地壳岩石或热液系统从表层下排出的物质、金属和矿物的沉积矿床等形式的露头。
水动力学的(Hydrodynamic)	指一切与海水运动有关的事件。
影响区(Impact zone)	活动造成(直接、间接、累积和/或互动)影响的区域。
影响参照区 (Impact reference zones)	用于评估"区域"内活动对海洋环境的影响的区域。影响参照区必须具有待开采区的环境特征(物理、化学、生物)。
非活性(休眠)硫化物 (Inactive(or dormant) sulphides)	不再有暖水流到上覆海水的多金属硫化物(即"冷"的硫化物)。这些硫化物若被扰动,可能促使热液重新流入水柱,把非活性硫化物变为活性硫化物(因此有"休眠"硫化物这一概念)。
间接影响(Indirect impacts)	非活动直接造成的环境影响,一般是在远离或是通过复杂路径(物理、化学、生物)产生的结果。
底内动物(Infauna)	在沉积层内生活的生物。
大型动物(Macrofauna)	肉眼能见的大动物,长度可达2厘米。
巨型动物(Megafauna)	可根据照片确定,大于2厘米的动物;提议为深

海采矿之环境影响评价的主要分类单位(见分类学)。

小型动物(Meiofauna)	底栖生物群落的动物,大小在大型动物和微型动物之间。作业定义为>32微米和<250微米。
中深海层(Mesopelagic)	指浅海层之下、次深海层之上的那一部分海洋区,通常也就是指阳光暗淡,称为"半阴影区"的那一部分海洋。
微型动物(Microfauna)	肉眼所不能见的生物,小于小型动物。作业定义为<32微米。
微生物(Microorganisms)	包括细菌、古生菌和微真核生物。
自游动物(Nekton)	鱼、鱿鱼、甲壳动物及在大洋环境中不断游来游去的海洋哺乳动物。
线虫纲(Nematoda)	指各种线虫;为一种主要的小型动物。
氧最小层(Oxygen minimum zone)	位于各大洋400米至1 000米深度的水层,由海面产生的有机物细菌的沉降和降解所造成。缺氧可导致微粒金属溶解。
大洋(的)(Pelagic)	指开阔大洋环境。
pH	酸度或碱度的测量。
光合作用(Photosynthesis)	有机物利用光作为能源的生物合成作用。植物利用叶绿素和光能将二氧化碳和水份转变为碳水化合物和氧。
浮游植物(Phytoplankton)	微型植物,为大洋的初级自养有机体。
浮游生物(Plankton)	被动地飘浮或弱泳力的生物,包括海底和大洋生物的幼体、浮游植物(在表层水)、浮游动物、水母以及其它飘浮或弱泳生物。
羽流(Plume)	含有大量沉积物颗粒的海水的弥漫。海底羽流为一水流,含有采集器扰动海底所造成的海底沉积物、锰结核研磨碎屑、浸渍海底生物群的悬浮颗粒,在接近海底的层带扩散。海底羽流的远场部分称为"碎屑雨"。表层羽流为一水流,含有因结核在采矿船上从含水体分离出来而造成的海底沉积物、锰结核研磨碎屑、浸渍海底生物群的悬浮颗粒,在比海底羽流更接近海洋表面的层中扩散。
多金属硫化物(Polymetallic sulphides)	"区域"内热液作用形成的硫化物矿床及附随的矿物资源,其富含的金属包括铜、铅、锌、金和银等。

孔隙水(Pore water)	沉积物颗粒之间空间的水；也称作"陶隙水"。
保全参照区 (Preservation reference zones)	有试采矿址特征，但不进行试采的区域；用于评估试采活动对环境的生物状况造成的变化。
密度跃层(Pycnocline)	指密度随深度陡增的大密度梯度水层，把充分混合的表层水体与深海密度大的水体分离。海水密度受温度、盐度和在较小程度上受压力的影响。
碎屑雨(Rain of fines)	"海底羽流"的远场部分，主要含各种碎屑；随海流漂移，缓慢沉降到一般在有关矿区以外的海底的沉积物颗粒。
氧化还原体系(Redox system)	氧化(增加电子)和还原(减少电子)为基本的化学反应。发生氧化化学反应的趋势(环境力度)可以通过 Eh/pH 计测量的氧化还原电势(mv)表示。Eh 与沉积中的溶解氧浓度密切相关。
食腐动物(Scavenger)	吃其他动植物废弃物和并非自己杀死的动植物遗骸的动物。
海山(Seamounts)	孤立的地形特征，通常是火山造成，高出海底很多。
空间尺度(Spatial scales)	面积所占空间的尺度特性，例如，在海洋现象中，涡旋的直径或波浪的长度。也与采样站的地理分布有关。
次生境(Sub-habitat)	大生境中可以目视识别的组成部分，如管栖蠕虫和贻贝层可能是某一活性多金属硫化物场的次生境；用于协助理解整个生境的作业用语。
共生(化能合成) Symbioses(chemosynthetic)	细菌(共生体)同无脊椎动物或脊椎动物(宿主)之间的组合关系，其中共生体为化能合成，为宿主提供养分。细菌既可是内共生(在宿主组织内生存，如管栖蠕虫、蛤贝、贻贝)，也可是外共生(在宿主之外生存，如热液喷口的盲虾(bresiliid shrimp)和多毛纲蠕虫(alvinellid polychaetes))。
中尺度(Synoptic scales)	流体动力变化或事件的尺度，时间尺度可从一到两周以至一到两个月，空间尺度可从 1 公里至几百公里不等。一个典型事例是直径 100 至 200 公里，从东至西穿越东北热带太平洋，往往贯穿至海底的海洋中尺度涡旋。
分类学(Taxonomy)	根据假设的自然关系有条理地将动物或植物分

	类。
试验采矿(Test Mining)	测试采集系统和设备。
温跃层(Thermocline)	温度随深度急剧变化的水层。
断面(Transect)	海洋考察船从 A 点至 B 点的航线,由海面到海底的垂直面(在考察期间所进行的所有测量和采样的基准)。
透射度仪(Transmissometer)	测量光在光径中,如水中的衰减程度。数据可与存在的颗粒量相关。
浮游动物(Zooplankton/Animal plankton)	与浮游植物不同,这些生物不能自己制造有机质,因此需要捕食其他生物。

法律和技术委员会

Distr.: Limited
12 July 2013
Chinese
Original: English

第十九届会议

2013 年 7 月 15 日至 26 日

牙买加金斯敦

关于承包者及担保国按照勘探工作计划开设培训方案的若干指导建议

法律和技术委员会发布

导言

1. 本建议旨在指导勘探工作计划申请者、承包者及担保国按照勘探工作计划的培训方案履行有关责任。

2. 建议涉及培训方案设计与执行方面的下列内容：

   (a) 审查和核准勘探工作计划申请者提交的拟议培训方案的程序；

   (b) 培训方案的内容，包括担保国的参与；

   (c) 为培训申请者安排培训机会的程序；

   (d) 培训活动的报告程序。

3. 《联合国海洋法公约》第一四四条和一四八条以及《关于执行〈公约〉第十一部分的协定》第 5 节确认，围绕在"区域"内开展的活动进行国际技术和科学合作，包括为企业部人员及发展中国家国民提供培训至关重要。

请回收

一. 法律义务

4. 承包者在培训方面的法律义务载于《公约》附件三第十五条,海管局通过的探矿和勘探《规章》也阐述了这些义务。多金属结核探矿和勘探规章(结核规章)[1]第 27 条全文如下:

> 按照《公约》附件三第十五条规定,每一份合同都应以附件方式载有承包者与海管局和担保国合作拟订的培训管理局和发展中国家人员的实际方案。培训方案应侧重于有关进行勘探的培训,并应安排上述人员充分参与合同涵盖的所有活动。这些培训方案可不时根据需要通过双方协议予以修改和制订。

5. 勘探合同标准条款[2]第 8 节规定:

8.1 根据《规章》,承包者应在按照本合同开始勘探前,把培训海管局和发展中国家人员的拟议培训方案提交海管局核准,其中包括让这些人员参与承包者按照本合同开展的所有活动。

8.2 培训方案的范围和筹资办法应由承包者、海管局和担保国谈判商定。

8.3 承包者应依照海管局根据《规章》核准的,本合同第 8.1 节所述的人员培训具体方案加以实施。具体方案可不时予以修订和发展,并应作为本合同的附件 3。

二. 培训方案的目的和目标

6. 培训方案的设计和实施是为了使受训人员和提名国受益,更广泛而言,旨在帮助海管局以及特别是发展中国家的人员。可帮助企业部发展的海管局人员也应获得相同的培训机会,并从中受益。

7. 必须尽一切努力确保培训方案的规划和拟订是秉持诚意进行的,并始终遵循最佳做法。因此,所有各方必须尽一切努力确保培训有助于满足受训人员来源国的培训和能力发展需求。

8. 培训方案必须在承包者工作方案中得到应有的重视,正因如此,应在签署合同前的讨论和谈判时拟订培训方案,并在签署合同和开始勘探工作前作为附件 3 放到合同内。

---

[1] 硫化物和结壳规章第 29 条。

[2] 载于结核、硫化物和结壳规章附件 4。

13-39286 (C)

9. 任何承包者在申请核准勘探工作计划时，必须秉持诚意行事，并认识到提供培训与拟议工作计划中的任何其他活动同等重要，因此必须在时间、精力和供资方面给予相同的优先地位。

10. 受训人员及其提名国所获技能和经验的运用及可持续性与培训同样重要。所有各方，特别是海管局和发展中国家，必须承诺鼓励运用所获培训成果，帮助受训人员和各国更好地参与海管局及"区域"的相关活动。

11. 所有各方必须致力于建设自由开放的沟通渠道，确保以最优方式提供培训方案，及时报告进展并改进执行情况监测。

12. 有关培训方案的具体执行步骤的指导建议载列如下。

三. 培训方案的核准

13. 《规章》要求工作计划申请书应包括培训方案部分。培训与承包者工作计划的实际关联性直接反映出拟议方案的效用。两者自然应该同时予以考虑。

14. 各方的责任如下：

    A. 勘探工作计划的申请者应该：

        1. 在申请书中列入可作为培训内容的第一个五年期活动方案期间将开展的活动详情；

        2. 根据上述情况，在申请书的拟议培训方案中列入可能的活动一览表，包括对培训的一般说明；

        3. 列入在合同的第一个五年期间每年将提供的最低数目培训机会汇总，以及随后每个合同五年期内将提供的培训机会估计数；

        4. 按照本文件附件所载格式提交一份培训汇总表，根据上文第2分段所述培训机会类型逐一说明；

        5. 说明与担保国合作制订的任何培训方案；

        6. 说明承包者打算在其工作计划所述活动外，对培训方案提供其他支持的情况；

        7. 说明与担保国、担保国的国家机构、各组织或任何其他缔约国合作制定部分或整个培训方案的情况；

    B. 担保国将：

        说明是否会为申请者的培训方案提供任何其他的具体投入或支持；

C. 在审议勘探工作计划申请书时，法律和技术委员会将：

    1. 审查承包者工作计划的培训机会、方案及分配；

    2. 充分认识到发展中提名国和秘书处的培训及能力发展需求，审查培训申请；

    3. 在讨论承包者的工作计划时，就拟议培训方案与承包者进行讨论；

    4. 就拟议培训方案的格式、内容和结构向秘书长提供咨询意见并提出适当的建议；

    5. 根据本指导建议审查拟议培训方案；

D. 秘书长应该：

    1. 在与承包者讨论和谈判培训方案时，考虑到法律和技术委员会的各项建议；

    2. 在秘书处内维护一个关于培训候选人和发展中国家培训需求的数据库，同时还确定并列入企业部的今后需求。

四． 培训方案的内容

15. 当出现疑问时，承包者必须以其法律义务为指导。因此，承包者必须提供实际可行的培训。培训应侧重于勘探活动，并在可行范围内涵盖承包者工作计划的所有活动。培训方案的提供和执行应贯穿整个合同存续期。

16. 就培训方案的内容提出下列建议：

A. 承包者应该：

    1. 尽早与法律和技术委员会讨论培训机会、时间安排及可能的培训方案；

    2. 与委员会及担保国协商确定一系列培训机会；

    3. 在制定培训方案时考虑发展中国家和秘书处(企业部)的培训及能力建设需求，以确保尽可能广泛地发展各种技能；

    4. 在合同的每个五年期内，对培训的最低要求是，至少有 10 人接受培训；

    5. 根据要求，确定合同期间可能出现的其他培训机会以及对已核准培训计划的任何拟议更改；

    6. 当出现导致培训方案无法执行的情况时，向海管局提供专门用于培训目的的惠给捐款；

7. 尽一切努力避免由于语言障碍等无法控制的问题而使申请培训的潜在合格候选人处于不利地位。在这种情况下，必须尽一切努力寻求可行的替代办法；

B. 法律和技术委员会应该：

1. 尽可能充分了解提名培训候选人的发展中国家的培训需求；

2. 了解企业部发展所需的培训和能力发展需求；

3. 了解承包者的五年工作计划中可能出现的实际培训机会；

4. 了解过去培训方案的执行情况，用以指导今后的规划和方案拟订；

C. 秘书长应该：

1. 专门为培训和能力建设来发展秘书处的能力和资源。一个关键重点领域是首先建立发展中国家培训需求信息系统，并最终建成数据库；

2. 从短期而言，制定适当设计（电子）的申请和提名表，以便以最优方式确定候选人和培训需求；

3. 确定和储存有关其他培训机会、机构和潜在合作伙伴的资料；

4. 从规划目的出发，根据各国需求和优先事项拟订并维护长期方案，供委员会在与承包者讨论中使用；

5. 在与承包者讨论和谈判培训方案时，考虑到委员会的各项建议；

五. 培训机会的分配

17. 迄今为止，确定培训机会始终是一种被动式进程，承包者提出提议，然后询问各国的兴趣，在委员会确定候选人短名单后作出最终决定。如果要根据需求开展培训，就有必要建立一种主动式进程。海管局必须建立所需的能力、程序和制度，以便积极主动地掌控任何培训方案，而非仅仅作为联系渠道和临时提议的答复者。

18. 建议各方采取如下行动

A. 承包者应该：

1. 向秘书处提供尽可能多的资料，说明其工作计划及相关的培训机会，包括受训人员员额数目、日期和开展培训活动的其他必要具体要求；

2. 积极主动地向海管局持续通报新的机会和任何变动；

3. 鼓励潜在申请人和提名国使用正确表格向海管局提出申请；

4. 一旦培训方案获得核准，与秘书处就最后选定接受培训的候选人保持联络，例如处理签证要求和学历等问题。

B. 担保国，特别是发展中国家的担保国应该：

1. 向秘书处通报其提名的培训候选人的全部详细情况；

2. 尽可能确保按照双边协定及其担保要求提出培训要求；

3. 向秘书处进行通报双边协定范围之外，其承包者可能无法满足的培训需求；

C. 秘书处应该：

1. 从短期而言，尽可能广泛和迅速地宣传有关培训机会的信息。其途径应该包括向会员国发出正式通知以及与委员会成员、相关国际组织、科学机构和其他感兴趣的各方直接接触；

2. 调查可采取哪些方式来鼓励发展中国家的国民更多地参与海管局培训活动；

3. 制定能力建设方案并确定所需能力、政策、战略和方案：

   (a) 接收培训申请并编制合格候选人名册；

   (b) 对培训申请进行协调，包括维护关于各国需求及合格申请人的数据库；

   (c) 在委员会的每次会议上提供有关培训及收到的感兴趣候选人申请表的最新情况；

   (d) 与承包者协商，协助为委员会或分组预先核准的名册上的合适候选人安排所出现的培训机会；

4. 确保委员会在任何时候都充分了解最新信息，以便其尽可能高效率和有成效地履行职责。

D. 在法律和技术委员会的每次会议上，委员会将：

1. 任命一个委员会小组委员会或分组，以确保尽可能彻底地审查和处理与培训方案有关的事项；

2. 审查向其提交的所有培训申请；

3. 基于透明的标准，根据从秘书处收到的资料，商定预先核准的候选人名单；

4. 根据现有培训机会，提供有关候选人类型和最佳分配的指导意见；

5. 进行定期审查，以确保遵循根据公平地域分配原则安排培训机会的目标。

六　报告程序

19. 需要建立培训活动报告的正式程序，以便实现问责制和透明度目标。下列程序将有助于更好地分析所开展的培训并更有效地规划今后的培训方案，以便满足发展中国家的需求和要求。各方的责任如下：

A. 承包者：

1. 应在其年度报告中列入关于该报告年度完成的培训的资料；

2. 应在其工作计划中列入有关任何培训方案变动的资料；

3. 在提交初步培训方案及在必要时按照新的事态发展调整培训方案时，应考虑委员会的指导意见。

B. 应要求受训人员：

1. 在培训结束时提交一份报告，说明自己如何从培训机会中受益。如果可能的话，受训人员应客观地说明自己的期望是否已得到满足。应向海管局、承包者和提名国分发上述报告。受训人员报告中可能涉及商业敏感性、知识产权或任何具有保密性质的内容，这些都不应影响或危及承包者的权利；

2. 在完成培训五年后提交一份报告，以便评估培训的长期效益。提名国必须确保履行该义务；

3. 提供可协助委员会为今后培训方案提供指导的任何评论或资料。受训人员应报告从培训中获得或随后传播的任何利益。

4. 说明他们可根据需要为企业部或发展中国家效力；

C. 秘书处应该：

1. 在委员会的每次会议上报告培训方案的任何动态，包括哪些候选人被安排进培训席位以及收到了哪些新的培训申请，以便委员会成员提供指导意见；

2. 与过去的受训人员保持联系，以监测培训的惠益以及今后的可用性；

3. 报告其发起的任何能力建设方案的进展，包括但不限于企业部的状况；

4. 向委员会提交关于培训和能力建设方案状况的年度报告，包括通过捐赠基金及通过与其他机构和联合国机构的任何协作所实现的相关培训产出；

D. 法律和技术委员会将：

1. 根据收到的报告提供更多的培训指导意见，包括今后培训方案的格式、内容和结构，并提供关于今后的候选人甄选标准的咨询意见；

2. 尽可能维持有关"区域"内所有活动的观察情况报告，并确定可作为今后培训或海洋科学研究方案主题的科学或技术领域潜在机会或差距；

3. 作为正常报告程序的组成部分，定期向理事会提供反馈意见。

七. 审查程序

20. 建议秘书处根据本指导建议对培训执行情况进行监测，并定期进行评估。

21. 应不时对本建议进行审查和更新。

八. 免责声明

21. 本指导建议的任何内容都不应违背《规章》的意图和目的。

附件

培训汇总模板

(由承包者填写) 培训机会类别 (说明将提供的培训总数)	
如有其他机构参与(除承包者外),应在此列出	
培训方案的目的和目标	
将传授或发展的技能	
培训活动一览表	
将开展培训的年份	
将接纳的受训人员数目及培训年份	
关于甄选潜在候选人的任何具体建议 (语言要求、最低学历等)	

法律和技术委员会

Distr.: General
14 April 2015
Chinese
Original: English

第二十一届会议

牙买加金斯顿

2015 年 7 月 13 日至 24 日

关于承包者报告实际和直接勘探支出的指导建议

法律和技术委员会发布

法律和技术委员会根据《"区域"内多金属结核探矿和勘探规章》第 39 条、《"区域"内多金属硫化物探矿和勘探规章》第 41 条和《"区域"内富钴铁锰结壳探矿和勘探规章》第 41 条采取行动,为承包者提出以下指导建议。

一. 导言

1. 在本指导建议中,凡提及《规章》之处,均统指《"区域"内多金属结核探矿和勘探规章》、《"区域"内多金属硫化物探矿和勘探规章》和《"区域"内富钴铁锰结壳探矿和勘探规章》。提及"标准条款"之处则是指适用于所涉具体合同的标准条款。

2. 本建议的目的是就以下事项向承包者提供指导:

   (a) 按照《规章》附件 4 第 9 节应保存的账簿、账目和财务记录;

   (b) 指明国际公认的会计原则;

   (c) 在按照《规章》附件 4 第 10 节应提交的年度报告中列报财务资料;

   (d) 《规章》附件 4 第 10.2(c)节所述实际和直接勘探支出的定义;

   (e) 实际和直接勘探支出的核证形式。

3. 除另作说明,《规章》中所定义的词语在本指导建议中具有含义相同。

4. 要求提交财务报表细目有两方面目的。第一，这是勘探和采矿合同中常见的尽责要求，以此客观量化承包者遵守其工作计划的情况。 在这方面，作为申请勘探工作计划进程的一部分，承包者必须提供五年活动方案以及该方案的预期年度支出表。按照标准条款(附件 4，第 4.2 节)，承包者每一合同年度内所花的实际和直接勘探费用应不少于该方案所规定的数额，或对该方案进行审查后议定的数额。因此，年度财务报告是管理局能够客观核查承包者遵守这些规定情况的唯一手段。

5. 要求提交财务报表的第二个理由可能对承包者直接有益。采矿业的普遍做法是，允许用后来的生产收入抵消矿区开发成本的某些部分。就海底采矿而言，《联合国海洋法公约》附件三第十三条载列了有关"发展费用"及在某些情形下收回此项费用的详细规定。按照《关于执行《公约》第十一部分的协定》，这些规定不再适用。尽管如此，《规章》附件 4 第 10.2(c)节预见到管理局可能在适当时候对收回发展费用的某些部分作出规定。该节规定，承包者可将这些费用列为承包者在开始商业生产前承担的部分发展费用。在此情形下，尤其必须有某种手段来客观核查此种支出的数额、此种支出同活动方案的关系以及此种支出是否为实际和直接勘探支出。

二. 账簿、账目和财务记录

6. 《规章》附件 4 第 9 节规定，每一承包者都应"按照国际公认会计原则保存完整和正确的账簿、账目和财务记录"。为《规章》的目的，委员会建议承包者采纳并适用国际会计标准委员会通过的《国际财务报告标准》，尤其是其中涉及矿物资源勘探和评估支出财务报告的标准 6。此外，为确保同承包者往年的财务报表以及其他承包者的财务报表具有可比性，所有财务报表，包括《规章》附件 4 第 10 节规定的年度报告中应列入的财务报表，均应按《国际会计标准》标准 1 的格式提交。

三. 财务资料的列报

7. 《规章》附件 4 第 9 节还规定，"这种账簿、账目和财务记录应包括充分披露实际和直接支出的勘探费用的资料和有助于切实审计这些费用的其他资料"。因此，承包者披露的资料应当能够指明并解释财务报表中列报的因勘探和评估矿产资源而产生的支出数额。为此目的，建议承包者说明其勘探和评估支出的会计政策，包括认列勘探和评估资产的会计政策。承包者还应当披露资产、负债、收入和支出，以及由勘探和评估矿产资源而产生的作业和投资现金流量。

8. 财务报表所涉期间应等同于报告期间，通常应与历年相对应。如果因承包者所在国采用不同的财政年度等原因而无法这样做，承包者应说明何为会计年度，且应尽量提供同报告年度相对应的按比例分摊的支出汇总。

9. 财务报表应当符合对等期间拟议活动方案，包括合同附表 2 所载拟议年度支出表。凡有偏离拟议活动方案或年度支出表的情况，均应加以明确报告和解释。这也应当符合各方商定的对拟议方案的正式调整。

10. 如一项勘探活动延续到会计年度以后，所报告的费用只应涉及在有关会计年度内进行的活动。此种支出应同与过去、此前或今后勘探活动有关的费用明确区分。

11. 如果没有支出，也应当加以列报。

四. 实际和直接勘探支出

12. 按照《规章》，所报告的支出只应当涉及实际和直接的勘探支出。 在某一报告期间所发生的支出并不都可视为实际和直接的勘探费用。一般而言，实际和直接的勘探费用被认为是按照勘探合同规定的活动方案，在有关财政期间内开展合同所涵盖具体资源勘探活动的必要费用。此种费用应在支出细目中适当地逐项列出。

13. 按照《规章》第 1.3(b)条，"勘探"是指以专属权利在"区域"内探寻矿床，分析这些矿床，使用和测试采集系统和设备、加工设施及运输系统，以及对开发时必须考虑的环境、技术、经济、商业和其他有关因素进行研究。因此，可以认为同勘探有关的费用必须是指属于"勘探"一词定义中所列活动范围内的费用。《国际财务报告标准》第 6 条也列出了在初步计量勘探和评估资产时可列报的支出的部分例子。支出必须与按合同所列工作方案开展的勘探工作有直接关系，方可被视为直接支出。建议采用的实际和直接勘探支出报表的格式载于附件。

14. 所报告的支出还须同实际费用有关。这意味着费用实际发生，而不是名义、估计或预期费用。实际费用与在报告所述年度期间发生的费用也有时间关系。因此，这些费用不包括涉及过去或今后勘探工作的费用。实际费用可能不同于预期费用，但报告中应当说明出现任何差异的理由。

五. 财务报表的核证

15. 勘探合同标准条款规定，显示承包者在会计年度开展活动方案时的实际和直接勘探支出的财务报表，必须由具有适当资格的公共会计师事务核证，或者，如承包者为国家或国家企业，则应由担保国核证。

16. 为避免在适用这些规定方面出现混乱，在承包者为国家或国有企业的情形下，承包者应在年度报告中说明，担保国的哪一个实体有资格对财务报表进行核证。

17. 收到核证的日期应与收到年度报告其他内容的日期相同，即不迟于每年3月31日。如果因核证当局采用不同的财务报告期等原因而无法做到这一点，承包者应在年度报告中列明暂定提交日期。一旦接到核证书，承包者即应毫不拖延地将其转交秘书长。

15-05894 (C)

附件

建议采用的实际和直接勘探支出报表格式

1. 应在下列标题下列报支出：

- **勘探工作**

  – 研究和分析，包括实地调查

  – 设备和仪器

- **环境研究**

  – 研究和分析，包括实地调查

  – 设备和仪器

- **采矿技术开发**

  – 研究和分析，包括实地调查

  – 设备和仪器

- **冶金工艺开发**

  – 研究和分析，包括实地调查

  – 设备和仪器

- **培训**

- **其他活动**

  – 编制年度报告

  – 上述标题未包括、但构成按合同开展的方案活动一部分的任何其他实际和直接勘探支出

2. 如一项支出可列入若干项活动，则只能在一个标题下列报，以避免重复。

3. 在每一个标题下列报的支出应尽可能细分为：(a) 业务支出；(b) 资本支出；(c) 人员编制和人事费用；(d) 间接费用。如进行了远洋考察，应具体列明远洋考察期间实际使用的船舶时间的每日费率和任何大型设备的每日费率。

4. 任何一年中超过 200 000 美元的单项资本支出应在报告中逐项列明。

法律和技术委员会

Distr.: General
4 August 2015
Chinese
Original: English

就年度报告内容、格式、结构向承包者提供的指导建议

1.   国际海底管理局法律和技术委员会根据《"区域"内多金属结核探矿和勘探规章》第 39 条、《"区域"内多金属硫化物探矿和勘探规章》第 41 条和《"区域"内富钴铁锰结壳探矿和勘探规章》第 41 条采取行动,为承包者提出本指导建议。

一．导言

2.   在本建议中,凡提及《规章》之处,均统指《"区域"内多金属结核探矿和勘探规章》、《"区域"内多金属硫化物探矿和勘探规章》和《"区域"内富钴铁锰结壳探矿和勘探规章》。提及"条款"之处则是指适用于所涉具体合同的标准条款。

3.   提出本指导建议的目的是就承包者年度报告的内容、格式、结构向其提供指导。其中就年度报告提出一般指导,还就多金属结核、多金属硫化物、富钴铁锰壳合同勘探的报告程序提供具体指导。本建议取代委员会 ISBA/8/LTC/2 号文件附件提供的指导,自 2016 年起适用于所有承包者。

二．一般要求

4.   每年 3 月底之前,应就去年开展的活动向秘书长提交年度报告,提供《规章》附件四第 10 节规定的资料。

5.   报告应以硬拷贝和电子格式送交,所有环境和地质数据均应以数字格式和有地理参考数据的格式提交,应符合海管局的要求,并采用委员会所公布、列于本文件附件四的模板。

6.   报告应介绍报告年度依照核准的勘探工作计划开展工作的结果。承包者应说明其短期(1 年)、中期(5 年)、长期(10-15 年)。报告还应说明项目管理情况,以便概括了解工作方案的实施进度,并酌情了解培训方案的实施进度。

7.   报告应明确说明报告年度实际开展的工作。

请回收

三. 具体指导

8. 多金属结核合同勘探年度报告的建议内容、格式和结构载于附件一。

9. 多金属硫化物合同勘探年度报告的建议内容、格式和结构载于附件二。

10. 富钴铁锰结壳合同勘探年度报告的建议内容、格式和结构载于附件三。

11. 用于报告地质和环境数据的一系列模板载于附件四。

12. 经委员会通过的海管局矿产勘探结果评估、矿产资源和矿产储量报告级别划分标准载于附件五。

附件一

多金属结核合同勘探年度报告的内容、格式、结构

一. 摘要

1. 请承包者摘要说明 20xx 年[填写年份]的主要成绩和挑战(最长四页)。

二. 概述

2. 请承包者提供：

(a) 20xx 年[填写年份]对活动方案的调整(如有)；

(b) 对国际海底管理局就上个年度报告所提意见(如有)的答复。

三. 勘探工作结果

3. 预定方案及其实际完成情况

请承包者报告年度工作方案执行情况，如有偏离预定方案的情况，也请说明。

4. 方法和设备

请承包者列出和说明其在勘测航行期间使用何种方法和设备进行查勘、取样等活动，以勘探海底及其底土。

(a) 制图

请承包者就用于测量勘探区的方法、收集设备、程序(校准、安装细节等)作出一般性说明。据海管局了解，此类方法包括、但不限于以下所述：

(一) 单波束和多波束回声测深(以船载和(或)遥控潜水器或自动潜航器进行)；

(二) 侧扫瞄声纳剖面测量(以船只拖带声纳、遥控潜水器、自动潜航器等进行)；

(三) 浅底地层剖面测量；

(四) 以电视抓斗、爬犁、遥控潜水器、自动潜航器、潜水器等进行摄影和录像；

(b) 取样

请承包者大致说明所完成的取样活动，包括说明取样设备及其使用程序，即取芯器、抓斗、采石器等方法和设备。说明的编写方式应着眼于支持用相应模板(见附件四)报告多金属结核的地质学和环境数据；

(c) 其他活动

请承包者大致说明为提取相关海底和(或)次表层资料和数据而进行的其他活动。

5. 获得的数据

请承包者报告勘测航行期间进行的制图、取样等活动收集到何种数据,以勘探海底及其底土。

(a) 航行数据

所有数据集均应充分说明航行地理坐标。但是,为便于参阅,还请承包者单独提供电子文档,列出以下各项坐标:

㈠ 台站的位置;

㈡ 多波束、声纳和地震测量线;

㈢ 船舶航迹。

(b) 水深测量

海管局要求承包者用美国信息交换标准代码(ASCII)格式或通用地理信息系统(GIS)格式的数字 xyz 文档提供所收集和处理的测深数据。须详尽说明处理顺序。

(c) 侧扫声纳和地震数据

海管局要求承包者用数字文档(SEG-Y 或 XTF)和(或)高分辨率图象(JPG、PDF、TIFF 等)提供所收集数据。

(d) 照片和录像:

海管局要求承包者以高分辨率代表性图像形式(JPG、PDF、TIFF 等)提供照片和录像。

(e) 结核特性

结核特性包括其丰度、形态、矿物构成、化学和物理性质。请承包者大致说明这些特性,并说明以何方法鉴定。对各取样站结核和基岩的具体分析结果应以表格报告,格式遵循多金属结核地质学数据模板(见附件四)。

6. 解读和评估

请承包者报告对矿床地质性质的解读结果,并报告根据所收集数据作出的资源评估。

(a) 对矿床的解读

承包者对矿床不同方面所作的解读，其报告形式可以是一套附加评语的图，例如测深图、海底形态图、地质学或岩石学图、地质岩性图、结核丰度图、金属分布图、资源分布图等(形状文档、数字图片)。

(b) 矿产资源估计

如承包者已达到估计矿床资源阶段，应详细报告下列各项：

㈠ 估算方法；

㈡ 根据海管局报告标准报告资源/储量级别划分(见附件五)。

(c) 报告还应说明作为样品或为测试目的收集的结核数量(即使数量是零)。

7. 今后勘探工作的战略。

请承包者报告今后勘探工作战略的任何发展变化。

四. 环境基线研究(监测和评估)

8. 关于环境基线研究的指导意见，承包者应参阅指导承包者评估勘探"区域"内海洋矿物可能对环境造成的影响的建议(ISBA/19/LTC/8，第三节)。

A. 环境监测

9. 还要求承包者提供以下信息：

(a) 说明报告所述期间的目标(预期、进行中、已完成的目标)；

(b) 说明在深海、船上、实验室所使用的技术设备和方法(包括分析软件)；

(c) 所得结果(还包括以图形综述结果所依据的数据)；

(d) 解读结果，包括与公布的其他研究数据进行比较。

(e) 海洋物理资料(水柱和近海底流的特性，包括不同水深处的当前流速、流向、温度、浑浊度以及任何流体动力模拟分析)。数据应与长期系泊观测数据联系起来；

(f) 海洋化学资料(海水特性，包括 pH 值、溶解氧、总碱度、养分浓度、溶解及颗粒有机碳、物质通量估算值、重金属、微量元素、叶绿素 a)；

(g) 生物群落和生物多样性研究资料(包括巨型动物、大型动物、小型动物、微型植物、结节动物、底层食腐动物、大洋性生物群落)；

(h) 生态系统运行资料(例如生物扰动、稳定同位素、沉积群落耗氧等方面的测量数据)。

B. 环境评估

10. 请承包者：

(a) 提供关于勘探活动对环境影响的资料，包括说明在进行有可能造成严重损害的具体活动之前、期间、之后进行监测的结果；

(b) 声明年度报告所述年度在合同区域进行的活动未造成严重损害，同时提供证据表明是如何得出此结论的；

(c) 关于在影响参照区测量到的试采活动环境影响的资料；

(d) 评估统计数据的可靠性/说服力，相关因素包括样本规模、样本数量、生物群落单个物种丰度(提供统计显著性的证据)；

(e) 在实现 5 年期活动方案及 ISBA/19/LTC/8 所提要求方面，分析差距，提出今后战略；

(f) 论述在海底进行扰动试验后海底生物群组长期恢复情况；

(g) 评价不同取样和分析方法的优缺点，包括质量控制；

(h) 将类似区域的环境结果加以比较，了解海洋盆地各标度的物种范围和分布；

11. 报告使用的所有数据(数字、图表、图片)均应采用多金属结核环境数据 Excel 模板报告(见附件四)。

五. 试采情况和拟采取何种采矿技术

12. 请承包者提供：

(a) 有关所设计和测试采矿设备性质的数据和资料(如适用)，以及所使用非承包者设计设备的数据；

(b) 设备、作业情况以及采矿测试结果说明；

(c) 试验性质和结果说明(如适用)；

(d) 关于采矿技术，承包者采矿系统(例如收集器、立管、采矿船等)研发方案的技术进展资料；

(e) 关于加工技术：

㈠ 矿产加工及冶金试验和加工轨迹资料，例如：是三金属、五金属、稀土元素，还是其他；

㈡ 关于其他方法的资料。

六. 培训方案

13. 请承包者根据关于承包者及担保国按照勘探工作计划开设培训方案的若干指导建议(ISBA/19/LTC/14)所提的要求，详细说明根据合同附表 3 实施培训方案的情况。

七. 国际合作

14. 请承包者提供下列资料：

(a) 参与海管局赞助的合作方案；

(b) 与其他承包者合作；

(c) 其他国际合作。

八. 实际和直接勘探支出的核证财务报表

15. 请承包者根据《规章》附件四第 10 节要求，提供符合关于承包者报告实际和直接勘探支出的指导建议 (ISBA/21/LTC/11) 的详细财务报表。

九. 下一年度活动方案

16. 请承包者：

(a) 简要说明下一年拟开展的工作；

(b) 说明拟如何调整合同原定的下一年活动方案；

(c) 解释调整的理由。

十. 承包者提供的补充资料

17. 请承包者提供：

(a) 列出报告年度在同行审查期刊上发表的有关论文；

(b) 报告引述的所有相关文件、新闻稿和科学出版物的出处。

附件二

多金属硫化物合同勘探年度报告的内容、格式、结构

一. 摘要

1. 请承包者摘要说明 20xx 年[填写年份]的主要成绩和挑战(最长四页)。

二. 概述

2. 请承包者提供:

(a) 20xx 年[填写年份]对活动方案的调整(如有)。

(b) 对国际海底管理局就上个年度报告所提意见(如有)的答复。

三. 勘探工作结果

3. 预定方案及其实际完成情况

请承包者报告年度工作方案执行情况,如有偏离预定方案的情况,也请说明。

4. 方法和设备

请承包者列出和说明其在勘测航行期间使用何种方法和设备进行查勘、取样等活动,以勘察海底及其底土;

(a) 制图

请承包者就用于测量勘探区图的方法、收集设备、程序(校准、安装细节等)作出一般性说明。据海管局了解,此类方法包括、但不限于以下所述:

㈠ 单波束和多波束回声测深(以船载和(或)遥控潜水器或自动潜航器进行);

㈡ 电导率－温度－深度测量(温盐深测量),方法为采水测温或连续上下量测;

㈢ 侧扫声纳剖面测量(以船只拖带声纳、遥控潜水器、自动潜航器进行);

㈣ 浅底地层剖面测量;

㈤ 电磁剖面测量;

㈥ 以电视抓斗、爬犁、遥控潜水器、自动潜航器、潜水器等方式进行摄影和录像;

㈦ 其他方法。

(b) 取样

请承包者大致说明所完成的取样活动，包括说明取样设备及其使用程序，即取芯器、抓斗、采石器、遥控潜水器、潜水器等方法和设备。说明的编写方式应着眼于支持用相应模板(见附件四)报告多金属硫化物的地质学和环境数据；

(c) 其他活动

请承包者大致说明为提取相关海底和(或)次表层资料和数据而进行的其他活动。

5. 获得的数据

请承包者报告勘测航行期间进行的制图、取样等活动收集到何种数据，以勘探海底及其底土。

(a) 航行数据

所有数据集均应充分说明航行地理坐标。但是，为便于参阅，还请承包者单独提供电子文档，列出以下各项坐标：

㈠ 台站的位置；

㈡ 多波束、声纳和地震测量线；

㈢ 船舶航迹。

(b) 水深测量

海管局要求承包者用美国信息交换标准代码(ASCII)格式或通用地理信息系统(GIS)格式的数字 xyz 文档提供所收集和处理的测深数据。须详尽说明处理顺序。

(c) 侧扫声纳和地震数据

海管局要求承包者用数字文档(SEG-Y 或 XTF)和(或)高分辨率图象(JPG、PDF、TIFF 等)提供所收集数据。

(d) (电)磁数据

海管局要求承包者以通用地理信息系统格式的数字坐标网图提供所收集(电)磁数据。

(e) 自然电位数据:

海管局要求承包者以通用地理信息系统格式的数字坐标网图提供所收集自然电位数据。

(f) 近底层水参数:

海管局要求承包者以数字格式图表(Excel、文本等)提供所获近底层水数据(温度、盐度、浑浊度或透明度、Eh、pH 值等)。

(g) 照片和录像：

海管局要求承包者以高分辨率代表性图像形式(JPEG、PDF、TIFF 等)提供照片和录像。

(h) 多金属硫化物特性：

多金属硫化物矿床的特性可用矿物构成、物理和化学参数表明。请承包者大致说明这些特性，并说明以何方法分析矿床本身及其相关含金属沉积物。对各取样站多金属硫化物、低温成矿和基岩的具体分析结果应以表格报告，格式遵循多金属硫化物地质学数据模板(见附件四)。

6. 解读和评估

请承包者报告对矿床地质性质的解读结果，并报告根据所收集数据作出的资源评估。

(a) 对矿床的解读

承包者对矿床不同方面所作的解读，其报告形式可以是一套附加评语的图，例如测深图、海底形态图、地质学图(包括矿床圈定图)、岩石学图、矿物学图等(形状文档、数字图片)。

(b) 与矿床有关的热液活动

就多金属硫化物而言，特别值得关注的是与热液活动有关的资料。请承包者就活跃及非活跃地域报告这类信息，具体内容如下：

㈠ 发现热液活动的方式；

－ 直接观察(目测)，提供代表性照片；

－ 间接观察(水柱的异常现象)，方法为采水测温和(或)连续上下量测。

(c) 矿产资源估计

如承包者已达到估计矿床资源阶段，应详细报告下列各项：

㈠ 估算方法；

㈡ 根据海管局报告标准报告资源级别划分(见附件五)。

(d) 报告还应说明作为样品或为测试目的收集的多金属硫化物数量(即使数量是零)。

7. 今后勘探工作的战略。

请承包者报告今后勘探工作战略的任何发展变化。

四. 环境基线研究(监测和评估)

8. 关于环境基线研究的指导意见，承包者应参阅指导承包者评估勘探"区域"内海洋矿物可能对环境造成的影响的建议(ISBA/19/LTC/8，第三节)。

A. 环境监测

9. 请承包者提供：

(a) 报告所述期间的目标(预期、进行中、已完成的目标)的说明;

(b) 在深海、船上、实验室所使用的技术设备和方法(包括分析软件)的资料;

(c) 所得结果(还包括以图形综述结果所依据的数据);

(d) 结果解读，包括与公布的其他研究数据进行比较。

(e) 海洋物理资料(水柱和近海底流的特性，包括不同水深处的当前流速、流向、温度、浑浊度以及任何流体动力模拟分析)。数据应与长期系泊观测数据联系起来;

(f) 海洋化学资料(海水特性，包括 pH 值、溶解氧、总碱度、养分浓度、溶解及颗粒有机碳、物质通量估算值、重金属、微量元素、叶绿素 a);

(g) 生物群落和生物多样性研究资料(包括生境多样性、巨型动物、大型动物、小型动物、细菌垫、底层食腐动物、大洋性生物群落);

(h) 生态系统运行资料(包括食物循环、稳定同位素、脂肪酸、甲烷和氢硫化物代谢)。

B. 环境评估

10. 请承包者提供：

(a) 关于勘探活动对环境影响的资料，包括在进行有可能造成严重损害的具体活动之前、期间、之后进行监测的资料;

(b) 声明年度报告所述年度在合同区域进行的活动未造成严重损害，同时提供证据表明是如何得出此结论的;

(c) 关于在影响参照区测量到的试采活动环境影响的资料;

(d) 评估统计数据的可靠性/说服力，相关因素包括样本规模、样本数量、生物群落单个物种丰度(提供统计显著性的证据);

(e) 在实现 5 年期活动方案及 ISBA/19/LTC/8 所提要求方面，分析差距，提出今后战略；

(f) 论述自然和钻探活动等人为扰动后生态系统的变化和恢复情况；

(g) 评价不同取样和分析方法的优缺点，包括质量控制；

(h) 将类似区域的环境结果加以比较，了解海洋盆地各标度的物种范围和分布；

11. 报告使用的所有数据(数字、图表、图片)均应采用多金属硫化物环境数据 Excel 模板报告(见附件四)。

五. 试采情况和拟采取何种采矿技术

12. 请承包者提供：

(a) 有关所设计和测试采矿设备性质的数据和资料(如适用)，以及所使用非承包者设计设备的数据；

(b) 设备、作业情况以及采矿测试结果说明；

(c) 试验性质和结果说明(如适用)；

(d) 关于采矿技术，承包者收集器(例如收集器、立管、采矿船等)研发方案的技术进展资料；

(e) 关于加工技术：

㈠ 矿产加工及冶金试验和加工轨迹资料；

㈡ 关于其他方法的资料。

六. 培训方案

13. 请承包者根据关于承包者及担保国按照勘探工作计划开设培训方案的若干指导建议(ISBA/19/LTC/14)所提的要求，详细说明根据合同附表 3 实施培训方案的情况。

七. 国际合作

14. 请承包者提供下列资料：

(a) 参与海管局赞助的合作方案；

(b) 与其他承包者合作；

(c) 其他国际合作。

八. 实际和直接勘探支出的核证财务报表

15. 请承包者根据《规章》附件四第 10 节要求，提供符合关于承包者报告实际和直接勘探支出的指导建议 (ISBA/21/LTC/11) 的详细财务报表。

九. 下一年度活动方案

16. 请承包者：

    (a) 简要说明下一年拟开展的工作；

    (b) 说明拟如何调整合同原定的下一年活动方案；

    (c) 解释调整的理由。

十. 承包者提供的补充资料

17. 请承包者提供：

    (a) 列出报告年度在同行审查期刊上发表的有关论文；

    (b) 报告引述的所有相关文件、新闻稿和科学出版物的出处。

附件三

富钴铁锰结壳合同勘探年度报告的内容、格式、结构

一. 摘要

1. 请承包者摘要说明20xx年[填写年份]的主要成绩和挑战(最长四页)。

二. 概述

2. 请承包者提供:

(a) 20xx年[填写年份]对活动方案的调整(如有);

(b) 对国际海底管理局就上个年度报告所提意见(如有)的答复;

三. 勘探工作结果

3. 预定方案及其实际完成情况

承包者须报告年度工作方案完成情况,如有偏离预定方案的情况,也须说明。

4. 方法和设备

请承包者列出和说明其在勘测航行期间使用何种方法和设备进行查勘、取样等活动,以勘探海底及其底土。

(a) 制图

请承包者就用于测量勘探区的方法、收集设备、程序(校准、安装细节等)作出一般性说明。据海管局了解,此类方法包括、但不限于以下所述:

㈠ 单波束和多波束回声测深(以船载和(或)遥控潜水器或自动潜航器进行);

㈡ 侧扫瞄声纳剖面测量(以船只拖带声纳、遥控潜水器、自动潜航器等进行);

㈢ 浅底地层剖面测量(以船载或遥控潜水器及自动潜航器进行);

㈣ 以电视抓斗、爬犁、遥控潜水器、自动潜航器、潜水器等进行摄影和录像;

㈤ 其他方法(例如伽马射线探测)。

(b) 取样

请承包者大致说明所完成的取样活动，包括说明取样设备及其使用程序，即钻探取心、抓斗、采石器遥控潜水器、潜水器等方法和设备。说明的编写方式应着眼于支持用相应模板(见附件四)报告富钴铁锰结壳的地质学和环境数据；

(c) 其他活动

请承包者大致说明为提取相关海底和(或)次表层资料和数据而进行的其他活动。

5. 获得的数据

请承包者报告勘测航行期间进行的制图、取样等活动收集到何种数据，以勘探海底及其底土。

(a) 航行数据

所有数据集均应充分说明航行地理坐标。但是，为便于参阅，还请承包者单独提供电子文档，列出以下各项坐标：

(一) 台站的位置；

(二) 多波束、声纳和地震测量线；

(三) 船舶航迹。

(b) 水深测量

海管局要求承包者用美国信息交换标准代码(ASCII)格式或通用地理信息系统(GIS)格式的数字 xyz 文档提供所收集测深数据。

(c) 侧扫声纳和地震数据

海管局要求承包者用数字文档(SEG-Y 或 XTF)和(或)高分辨率图象(JPG、PDF、TIFF 等)提供所收集数据。

(d) 照片和录像：

海管局要求承包者以高分辨率代表性图像形式(JPG、PDF、TIFF 等)提供照片和录像。

(e) 富钴铁锰结壳特性：

富钴铁锰结壳矿床的特性可用其厚度、结壳覆盖率、矿物构成、物理和化学特性表明。请承包者大致说明这些特性，并说明以何方法分析。对各取样站富钴铁锰结壳具体分析结果应以表格报告，格式遵循富钴铁锰结壳地质学数据模板(见附件四)。

5. 解读和评估

请承包者报告对矿床地质性质的解读结果,并报告根据所收集数据作出的资源评估。

(a) 对矿床的解读

承包者对矿床不同方面所作的解读,其报告形式可以是一套附加评语的图,例如测深图、海底形态图、地质岩性图、结壳覆盖率图、金属分布图、结壳厚度及其空间和区域变化图(包括深度变化)。请以形状文档、数字图片形式提供。。

(b) 矿产资源估计

如承包者已达到估计矿床资源阶段,应详细报告下列各项:

(一) 估算方法;

(二) 根据海管局报告标准报告资源/储量级别划分(见附件五);

(c) 报告还应说明作为样品或为测试目的收集的富钴铁锰结壳数量(即使数量是零)。

7. 今后勘探工作的战略。

请承包者报告今后勘探工作战略的任何发展变化。

四. 环境基线研究(监测和评估)

8. 关于环境基线研究的指导意见,承包者应参阅指导承包者评估勘探"区域"内海洋矿物可能对环境造成的影响的建议(ISBA/19/LTC/8,第三节)。

A. 环境监测

9. 请承包者提供:

(a) 报告所述期间的目标(预期、进行中、已完成的目标)的说明;

(b) 在深海、船上、实验室所使用的技术设备和方法(包括分析软件)的资料;

(c) 所得结果(还包括以图形综述结果所依据的数据);

(d) 解读结果,包括与公布的其他研究数据进行比较。

(e) 海洋物理资料(海水和底流的特性,包括不同水深处的当前流速、流向、温度、浑浊度以及任何流体动力模拟分析)。数据还应与长期系泊勘测工作联系起来。

(f) 海洋化学资料(海水特性,包括 pH 值、溶解氧、总碱度、养分浓度、溶解及颗粒有机碳、物质通量估算值、重金属、微量元素、叶绿素 a)。

(g) 生物群落和生物多样性研究资料(包括生境多样性、巨型动物、大型动物、小型动物、细菌垫、底层食腐动物、大洋性生物群落)。

(h) 生态系统运行情况(包括食物循环、稳定同位素、脂肪酸)。

B. 环境评估

10. 请承包者提供:

(a) 勘探活动对环境影响的资料,包括在进行有可能造成严重损害的具体活动之前、期间、之后进行监测的资料。

(b) 声明年度报告所述年度在合同区域进行的活动未造成严重损害,同时提供证据表明是如何得出此结论的;

(c) 在影响参照区测量到的试采活动环境影响的资料。

(d) 评估统计数据的可靠性/说服力,相关因素包括样本规模、样本数量、生物群落单个物种丰度(提供统计显著性的证据)。

(e) 在实现 5 年期活动方案及 ISBA/19/LTC/8 所提要求方面,分析差距,提出今后战略。

(f) 酌情论述发生自然和人为扰动后生态系统恢复情况;

(g) 评价不同取样和分析方法的优缺点(包括质量控制)。

(h) 将类似区域的环境结果加以比较,了解海洋盆地各标度的物种范围和分布。

11. 报告使用的所有数据(数字、图表、图片)均应采用富钴铁锰结壳环境数据 Excel 模板报告(见附件四)。

五. 试采情况和拟采取何种采矿技术

12. 请承包者提供:

(a) 有关所设计和测试采矿设备性质的数据和资料(如适用),以及所使用非承包者设计设备的数据;

(b) 设备、作业情况说明,如有测试则说明结果;

(c) 试验性质和结果说明(如适用);

(d) 关于采矿技术,承包者采矿系统(例如收集器、立管、采矿船等)研发方案的技术进展资料;

(e) 关于加工技术：

㈠ 矿产加工及冶金试验和加工轨迹资料；

㈡ 关于其他方法的资料。

六. 培训方案

15. 请承包者根据关于承包者及担保国按照勘探工作计划开设培训方案的若干指导建议(ISBA/19/LTC/14)所提的要求，详细说明根据合同附表 3 实施培训方案的情况。

七. 国际合作

14. 请承包者提供下列资料：

(a) 参与海管局赞助的合作方案；

(b) 与其他承包者合作；

(c) 其他国际合作。

八. 实际和直接勘探支出的核证财务报表

15. 请承包者根据《规章》附件四第 10 节要求，提供符合关于承包者报告实际和直接勘探支出的指导建议(ISBA/21/LTC/11) 的详细财务报表。

九. 下一年度活动方案

16. 请承包者：

(a) 简要说明下一年拟开展的工作；

(b) 说明拟如何调整合同原定的下一年活动方案；

(c) 解释调整的理由。

十. 承包者提供的补充资料

17. 请承包者提供：

(a) 列出报告年度在同行审查期刊上发表的有关论文；

(b) 报告引述的所有相关文件、新闻稿和科学出版物的出处。

附件四

地质和环境数据报告表的模板一览表

1. 多金属结核与基岩地质学数据报告模板

2. 多金属硫化物与基岩地质学数据报告模板

3. 富钴铁锰结壳地质学数据报告模板

4. 多金属结核环境数据报告模板

5. 多金属硫化物环境数据报告模板

6. 富钴铁锰结壳环境数据报告模板

附件五

国际海底管理局矿物勘探结果评估、矿产资源和矿产储量报告标准

一. 导言

1. 本文件规定了提交给国际海底管理局的所有文件均须遵守的标准。此类文件包括"区域"内资源估计报告，其意图并非用于公开发表，也非主要用于向投资者或潜在投资者及其顾问提供资料。这些估计资料应根据管理局资源分类制度报送。此制度区分三个主要资源类别，即：(a) 矿物勘探结果评估；(b) 矿产资源；(c) 矿产储量(见下图)。制度的依据是矿产储量国际报告标准委员会《国际报告模板(2013 年 11 月版)》。[1]

2. 在本文件中，重要术语的定义以黑体案文表示。当这些术语出现在其他术语的定义中时，以下划线表示。模板条文以普通文本显示。各条文之后以楷体表示的段落是为了协助和指导读者解读海管局报告标准的条款如何应用。附文 1 载有通用术语、同义词及定义表，目的是避免重复或含混。

二. 范围

3. 贯彻执行报告标准的主要原则是信息透明、言之有物：

   (a) 信息透明原则要求为管理局特别是其法律和技术委员会提供足够信息，介绍方式明确而无歧义，以便其读懂报告，不被误导。

   (b) 言之有物原则要求报告载列管理局特别是其法律和技术委员会可能合理要求并期望找到的所有相关信息，以便就所报告的矿产资源和矿产储量作出合理而平衡的判断。

---

[1] 此附件应国际海底管理局的要求编写，编写人员包括：C. Antrim(美利坚合众国海洋法治委员会执行主任)、H. Parker(矿产储量国际报告标准委员会副主席、美国 Amec Foster Wheeler 咨询采矿地质学家和地质统计师)、P. R. Stephenson (矿产储量国际报告标准委员会前共同主席、加拿大 AMC 咨询师公司董事兼首席地质学家)。编写时参考了矿产储量国际报告标准委员会成员的意见。此附件遵循了在管理局与印度地球科学部 2014 年 10 月 13 日至 17 日于印度果阿合办的多金属结核资源级别划分讲习会上由一个工作组编写的准则。该工作组成员有：Stephenson 先生、 Antrim 女士、M. Nimmo(澳大利亚 Golder Associates 公司首席地质学家)、D. MacDonald(欧洲经济委员会资源级别划分专家组主席)；P. Kay(澳大利亚地球科学公司近海矿产部经理)；P. Madureira(葡萄牙大陆架延伸问题工作组副组长)；G. Cherkashov(俄罗斯联邦全俄世界海洋地质和矿产资源研究所副所长)；T. Ishiyama(日本深海资源开发公司)；T. Abramowski(波兰国际海洋金属联合组织总干事)；J. Parionos(汤加近海采矿有限公司(汤加)首席地质学家)；J. Paynjon(G-TEC 海洋矿产资源公司)。

4.　报告标准规定了提交给海管局的所有文件均须遵守的标准。此类文件包括关于矿物勘探结果评估、矿产资源和矿产储量的报告。标准的意图并非用于公开发表，也非主要用于向投资者或潜在投资者及其顾问提供资料。[2] 鼓励报告实体在报告中提供尽可能全面的资料。[3]

5.　估算矿产资源和矿产储量必然有某种程度的不确定性和不准确之处。读者可能需要相当程度的技巧和经验，才能解读报告所提供的信息，例如地质图，还例如依据通常只占矿床一小部分的样品得出的分析结果。报告应说明估计数的不确定性，并选择适当的矿产储量和矿产资源类别予以反映。

6.　报告标准适用于海管局规则、规章、程序要求提交矿产勘探结果评估、矿产资源和矿产储量报告的所有矿产资源。

7.　我们认识到，报告标准需要不时进一步加以审查。

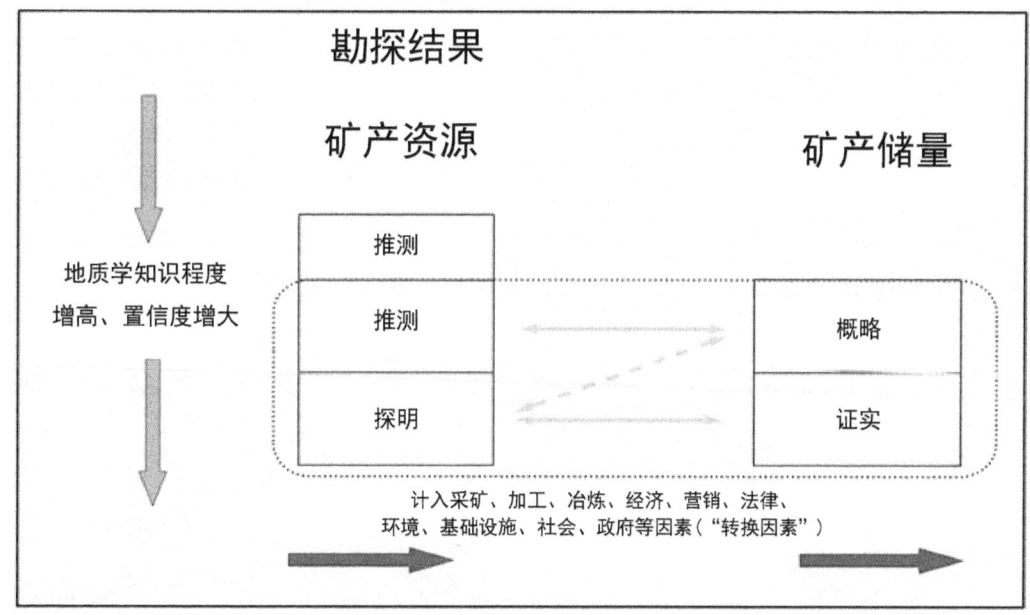

矿产勘探结果评估、矿产资源和矿产储量之间的总体关系

---

[2] 如编写报告的主要目的是用于公开发表，或用于向投资者或潜在投资者及其顾问提供资料，则海管局建议其遵循由矿产储量国际报告标准委员会认定符合其国际报告模板的某项报告标准。

[3] 已尽力使海管局报告标准涵盖在矿物勘探结果评估、矿产资源、矿产储量的报告工作中可能遇到的大多数情况，但有些情况下可能会对采用哪种形式披露信息比较合适存在疑问。在此类情况下，报告标准的使用者以及根据报告标准编写报告者应遵循报告标准的意图，即规定此类报告的最低标准。他们还应确保这类报告载有读者有理由要求并有理由期望在报告中找到的所有信息，以便就所报告的矿产勘探结果评估、矿产资源、矿产储量作出合理而平衡判断。

三. 报告用语

8. 转换因素系指将矿产资源转换为矿产储量时计入的因素。其中包括(但不限于)采矿、加工、冶炼、基础设施、经济、营销、法律、环境、社会、政府等因素。

指导

9. 第 7 段图中列出的框架用于将估计的吨数和品位加以分级，反映不同程度的地质置信度，并反映不同的技术和经济评价程度。矿产资源可主要依据地质资料估计，同时可参考一些其他学科的意见。矿产储量是推定及测定矿产资源经订正后的部分(见图中虚线内的部分)，其中要求计入影响采掘的转换因素，在大多数情况下应参照一系列学科的意见加以估算。

10. 探明矿产资源可转换为已证实矿产储量，也可转换为概略矿产储量。探明矿产资源可转换为概略矿产储量，是因为将矿产资源转换为矿产储量时计入了若干或全部转换因素所包含的不确定因素。这一关系在图中以虚线箭头表示。虽然虚线箭头的指向包括一个垂直部分，但在此处并不意味着地质学知识和置信度有所减弱。在此类情况下，应充分解释这些转换因素(关于矿产资源的细致分类，另见第 21 段)。

四. 报告总体要求

11. 向海管局提交的承包者矿产勘探结果评估、矿产资源和矿产储量报告须说明矿化体的形式和性质。

12. 承包者须披露任何可能对矿床对承包者的经济价值产生重大影响的矿产资料。如其矿产资源或矿产储量有重大变化，承包者须迅速向海管局报告。

13. 在报告标准中，有些词语采用其一般含义，但在本行业的特定群体中，它们可能还有更专门的含义。为避免重复或含混，附文 1 列出这些术语，同时列出本文中可视为其同义词的其他术语。[4]

五. 矿物勘探结果评估报告

14. "勘探目标"系指对特定地质环境中某矿床的开采潜力的说明或估计，其中列出吨数范围和品位或质量范围，其对象是因勘探不足而无法估计矿产资源的矿化体。

---

[4] 本文通篇使用某个术语，并不意味着其为首选用语，或一定是所有情况下的理想用语。要求承包者就其所报告商品或活动选用最适当的术语。

15. 矿产勘探结果评估包括矿产勘探方案产生的某些数据和信息，其可能对报告读者有用，但不属于矿产资源或矿产储量资料的一部分。[5]

16. 勘探早期阶段常见此种数据，因为此时数据量一般不足以作出除"勘探目标"之外的估计。

17. 如承包者就未归类为矿产资源或矿产储量的矿化体提交矿产勘探结果评估报告，则估计的吨数及相关平均品位只能以"勘探目标"的形式予以报告。[6]

18. 如公司就未归类为矿产资源或矿产储量的矿化体提交矿产勘探结果报告，则须提供足够信息，以对结果的重要性作出审慎而平衡的判断。矿产勘探结果评估报告的写法不得使人不合理地认为已发现有潜在经济价值的矿化体。

六. 矿产资源报告

19. "矿产资源"是指富集或赋存于地壳中或地壳上、具有经济价值的固体物质，其形态、品位或质量以及数量具有最终经济开采的合理前景。[7]

20. 矿产资源的位置、数量、品位或质量、连续性和其它地质特性是通过取样等具体的地质证据和认识得以确知、估算或解读。

21. 矿产资源按地质置信水平的提高，可细分为推测、推定、探明三个级别。

22. 矿床中不具备最终经济开采合理前景的部分不得包括在矿产资源里。[8]

23. "推测矿产资源"是矿产资源的一部分，其数量和品位或质量是根据有限的地质证据和取样来估算。地质证据足以暗示但不足以核实地质连续性和品位或质量连续性。

---

[5] 提供矿产勘探结果评估的报告应明确指出，此种资料不宜用以估计吨数和品位。建议此类报告包含一段延用声明，大意如下："本报告所提供资料/说明/信息是国际海底管理局报告标准就第24条所定义的矿物勘探结果评估。此资料不宜用以估计吨数和品位"。

[6] 报告中关于勘探目标或勘探潜力的写法不应使人误以为这就是矿产资源或矿产储量估计数。

[7] "矿产资源"一词包括通过勘查和取样已经查明和估算的矿化体，通过考虑和应用转换因素，可以确定其中的矿产储量。

[8] "最终经济开采的合理前景"是承包者对可能影响到经济开采前景的技术和经济因素，包括大致的采矿参数，作出的判断(但只是初步判断)。换言之，矿产资源不是在钻探或取样后不计边际参数、可能的采矿规模、位置或连续性如何的全部矿化体存量。它是现实的矿化体存量，即在假定具备合理的技术和经济条件下可能全部或部分成为有经济开采价值的矿化体存量。在确定"最终经济开采的合理前景"时所做的任何重大假定，都应在报告中加以明确说明。为矿产资源估算目的做出任何数据调整，如特异品位处理，或把海底结核丰度测量结果系数化，都应在报告中加以明确说明和描述。

24. 推测矿产资源的置信水平低于推定矿产资源的置信水平，不得转换为矿产储量。可以合理预期，随着继续勘探，大部分推测矿产资源会升级为推定矿产资源。[9]

25. 推测级别的矿产资源往往包括这样一些情况，即已经查明矿物富集体或埋藏，也已经完成有限的测量和取样工作，但所取得的数据不足以有把握地解读出地质和(或)品位连续性。通常情况下，可以合理预期随着继续勘探，大部分推测矿产资源可能会升级为推定矿产资源。然而，由于推测矿产资源具有不确定性，不应假设此种升级一定会发生。

26. "推定矿产资源"是矿产资源的一部分，对其数量、品位或质量、密度、形状和物理特性所作估算的置信水平高到足以能够详细地应用转换因素来支持采矿规划和对矿床经济利用价值的评价。

27. 地质证据来自于足够详细和可靠的勘探、取样和测试，足以假设观察点之间具有地质连续性和品位或质量连续性。

28. 推定矿产资源的置信水平低于探明矿产资源，只能转换为概略矿产储量。[10]

29. "探明矿产资源"是矿产资源的一部分，对其数量、品位或质量、密度、形状和物理特性所作估算的置信水平高到足以能够应用转换因素来支持详细的采矿规划和对矿床经济利用价值的最终评价。

30. 地质证据来自详细和可靠的勘探、取样和测试，足以证实观察点之间地质和品位或质量的连续性。

31. 探明矿产资源的置信水平高于推定矿产资源和推测矿产资源。探明矿产资源可以转换为证实矿产储量或概略矿产储量。

指导

32. 如果承包者在确定矿产资源时认为，数据的性质、质量、数量和分布不容置疑地表明对矿化体吨数和品位的估算结果能控制在有限的误差范围内，并且实际情况与估算结果之间的任何差异均不大可能明显影响潜在的经济利用价值，则该矿化体可被划分为探明矿产资源。

33. 此级别要求对矿床的地质因素和地质条件有很高的把握和了解。

34. 估算的置信度高到足以能够适用技术和经济参数并能进行置信度高的经济利用价值评价。

---

[9] 估算的置信水平往往不足于采用技术和经济参数来制定具体规划。为此，推测矿产资源与任何矿产储量类别都没有直接联系(见第 7 段的图)。在技术和经济研究中对这一级别进行考虑时应当谨慎。

[10] 如果凭借数据的性质、质量、数量和分布能够对地质结构进行可靠解读并能推定矿化体的连续性，则该矿化体可被划分为推定矿产资源。估算的置信度足以允许采用技术和经济参数并能进行经济利用价值评价。

35. 矿产资源的适当分级取决于可用数据的数量、分布和质量以及这些数据的置信度。

指导

36. 矿产资源分级是一项需要判断技能的工作，承包者应考虑附文 1 中与矿产资源估算的置信度相关的内容。

37. 在判定是推定矿产资源还是探明矿产资源时，承包者除了要考虑第 26 段和第 29 段中与地质和品位连续性有关的解释外，最好还考虑导则中关于探明矿产资源定义的表述，即"……实际情况与估算结果之间的任何差异均不大可能明显影响潜在的经济利用价值"。

38. 在判定是推测矿产资源还是推定矿产资源时，有资格人员除了要考虑第 23 段和第 26 段中与地质和品位连续性有关的解释外，最好还考虑关于界定推定矿产资源的导则，即 "估算的置信水平高到足以能够应用技术和经济参数并能进行经济利用价值评价。"这与界定推测矿产资源的导则形成了对照。该导则是："对推测矿产资源的估算置信水平往往未高到足以能够采用技术和经济参数来制定详细规划"，并且"在技术和经济研究中对这一级别进行考虑时应当谨慎。"

39. 在评估地质和品位连续性时，承包者应当考虑到矿化体类型、规模和边际参数。

40. 矿产资源估算并非精确计算，估算结果取决于对矿化点的位置、形态和连续性及可用的取样结果等有限资料的解读。所报告的吨数和品位数应通过四舍五入得出有效数字，以体现估算结果的相对不确定性；对推测矿产资源应冠以"大致"之类的词语。[11]

指导

41. 鼓励承包者在适当时讨论矿产资源估算结果的相对准确性或置信度。有资格人员的陈述应具体说明该准确性及(或)置信度是涉及对全部资源的整体估算，还是涉及对资源中一部分的局部估算，局部估算的准确性或置信度可能不同于对整体资源估算的准确性及(或)置信度；若为局部估算，则应说明相关吨数或体积。若不能说明相对准确性或置信度，则应对其不确定性做出定性论述(参见附文 1)。

42. 矿产资源报告必须具体说明是"推测"、"推定"还是"探明"三个级别中的某一个或多个级别。除非同时对各个级别都做详细说明，否则不能将多个级别混在一起报告。除非同时提供相应的吨数和品位，否则不能用所含金属或矿物含量的方式进行矿产资源报告。矿产资源不得与矿产储量合计。[12]

---

[11] 大多数情况下，四舍五入到第二个有效数字就可以了。例如，10 863 000 吨，品位 8.23%，可以表述为 1 100 万吨，品位 8.2%。不过，有时为了恰当表达估算的不确定性，需要四舍五入到第一个有效数字。这通常适用于推测矿产资源。为强调矿产资源估算的不准确性，最终结果应当始终注明是估算而非计算。

[12] 报告标准所列级别之外的吨数和品位，不得许列在报告中。

43. 附文1以总表形式提供了一份清单，载有编写矿产勘探结果评估、矿产资源和矿产储量报告时应考虑的主要标准。除非这些标准会对矿产资源的估算或分级产生实质性影响，否则无须在报告中予以讨论。[13]

44. 在提供矿产资源估算结果时不得使用"矿石"和"储量"这两个词，因为它们暗示了技术可行性和经济利用价值，只有在考虑了所有相关转换因素后才适合使用。在技术可行性和经济利用价值未被确定之前，报告和报表应始终采用恰当的矿产资源级别进行表述。若重新评价结果表明矿产储量的任何部分不再具备经济开采价值，则该矿产储量应该作为矿产资源重新分级或从矿产资源和矿石储量报表中删除。[14]

七. 矿产储量报告

45. "矿产储量"是探明矿产资源或推定矿产资源中的有经济开采价值部分。

46. 它包括在采矿和开采过程中可能产生的贫化和损失，这些贫化和损失，包括转换因素的采用，已通过预可行性研究或可行性研究确认为适当。研究报告表明，在出具报告时，有合理依据进行开采。

47. 确定矿产储量的参照点必须予以阐明，通常是矿石送到加工厂的那一点。重要的是，应清楚说明参照点不同的所有情形，以确保读者充分知晓报告的对象。

指导

48. 矿产储量是指矿产资源中通过适用所有采矿因素之后估算出吨数和品位的部分，且负责估算的承包者在考虑到所有相关转换因素后，认为这些估算的吨数和品位可以成为具有可行性项目的基础。

49. 在报告矿产储量时，关于矿物加工回收率估算值的有关资料非常重要，应包括在报告里。

50. "有经济开采价值"意味着在合理的经济假设条件下开采矿产储量已被证明具有经济价值。至于何为"切合实际的假设"的情形，随着矿床类型、完成研究

---

[13] 报告时无须对附文1中的每个项目都作出评述，至关重要的是应当陈述有可能对读者理解或解读报告结果评估或估算数值产生实质性影响的任何事项。因数据不充分或不确定而会影响勘查结果或矿产资源及(或)矿产储量估算的可靠性或置信度时，例如在取样不佳、依靠影像或声学海底踏勘结果评估等情形下，这一点尤为重要。若对哪些内容需要报告存有疑问，则提供的信息宁多勿少。对于附文1所列任何标准如有不确定之处，并可能因此导致低估或夸大资源量，则应当披露此种不确定因素。

[14] 并不是说即使出现短期或临时性的变化，或承包者管理层有意决定以缺乏经济效益的方式经营时，也需要将分级从矿产储量改为矿产资源(或反之)。这类情况的例子包括：预计持续时间短的商品价格波动、矿区非永久性紧急事故、运输部门罢工。

的程度和各个承包者财务标准的不同会有所区别。因此，"有经济开采价值"一词不可能具有固定定义。不过，预计每家公司都会试图实现可接受的投资回报，并让项目提供的投资者回报与风险相当的其他投资项目相比具有竞争力。

51. 为了让矿产资源和所有转换因素达到规定的置信度，在确定矿产储量前要开展适当的预可行性或可行性研究。此类研究需确定在技术上可行且经济上有价值的采矿计划，并可据以确定矿产储量。

52. "矿产储量"一词并不一定表明开采设施已经到位或开始运行，或已经获得所需的审批或销售合同。但它的确意味着有理由认为这些审批或合同将到位。承包者应考虑开采所需的、依赖于第三方才能解决的悬而未决事项是否具有重大影响。

53. 为矿产储量估算而做的任何数据调整，如降低品位或将品位系数化，或将海底结核丰度测量结果系数化，都应在报告中予以明确说明和描述。

54. 应当指出，报告标准不是说要有证实矿产储量才能进行经济运作。有些情况下概略矿产储量也足以作为开采的理由。承包者可以对该事项作出判断。

55. "概略矿产储量"是推定矿产资源中的有经济开采价值部分，某些情况下是探明矿产资源的有经济开采价值部分。概略矿产储量所适用的转换因素的置信度低于证实矿产储量所适用的转换因素的置信度。

56. 概略矿产储量的置信度低于证实矿产储量，但其可靠性足以作为矿床开发的决策依据。

57. "证实矿产储量"是探明矿产资源中的有经济开采价值部分，而且意味着对转换因素有较高的置信度。

58. 证实矿产储量代表储量估算中的最高置信度级别。[15]

59. 为矿产储量选择恰当级别，主要取决于矿产资源估算的相关置信度，并应事先考虑转换因素的不确定性。恰当级别的指定必须由承包者来实施。

60. 报告标准规定了推定矿产资源和概略矿产储量之间的直接关系，也规定了探明矿产资源和证实矿产储量之间的直接关系。换言之，概略矿产储量的地质置信度与确定推定矿产资源所要求的地质置信度相似。证实矿产储量的地质置信度与确定探明矿产资源所要求的地质置信度相似。推测矿产资源永远是在矿产储量之外。

---

[15] 由于矿化体类型或其他因素，可能会导致一些矿床无法得出证实矿产储量情况。承包者应意识到，如果其尚未确信所有相关资源参数和转换因素已确定具备相似水平的置信度，若宣布最高程度的置信级别会产生何种后果。

指导

61. 报告标准规定了探明矿产资源和概略矿产储量之间的双向关系。此规定涵盖的情况是，在将矿产资源转换为矿产储量时所考虑的转换因素的任何不确定性，可能会导致矿产储量的置信度低于相应的矿产资源的置信度。这种转换并不意味着地质认识或地质置信水平的下降。

62. 若能将转换因素中的不确定性排除，则探明矿产资源得出的概略矿产储量就可转换为证实矿产储量。在将矿产资源转换为矿产储量时转换因素的置信度不能代替矿产资源内在的最高置信度。任何情况下，都不能把推定矿产资源直接转换成证实矿产储量(见第7段的图)。

63. 证实矿产储量级别的应用意味着估算中采用了最高置信度，会让报告的读者产生相应期望。在把矿产资源定为探明级别时，也应考虑到这种期望。[16]

64. 矿产储量估算不是精确计算。因此，在报告吨数和品位数据时，应通过四舍五入至有效数字，以体现估算的相对不确定性(另见第40段)。[17]

65. 鼓励承包者在适当情况下论述矿产储量估算的相对准确性或置信度。报表应具体说明该准确性或置信度是涉及对全部储量的整体估算，还是涉及对部分储量的局部估算(部分储量估算的准确性或置信度可能与整体储量的不同)；若为局部估算，则应说明相关吨数或体积。若不能说明相对准确性及(或)置信度，则应对其不确定性做出定性论述(见附文1及第40段的导则)。

66. 矿产储量报告必须具体说明是"证实"和"概略"两个级别中的哪一个还是两者都有。除非同时提供各个级别储量的相关数据，否则不能将证实矿产储量和概略矿产储量的数据混合在一起报告。除非同时提供相应的吨数和品位数字，否则不能在报告中公布金属含量或矿物含量数值。

指导

67. 矿产储量可能包含不属于原始矿产资源的物质(贫化)。若要通过比较矿产资源和矿产储量来得出结论，则有必要考虑二者之间的这一根本性差别，且应谨慎行事。

68. 在报告修订后的矿产储量和矿产资源报表时，须附上与之前报表的调节表。详细列举数据之间的差异并不必要，但应当提供充分说明，以便读者理解重大变更。

69. 如果同时报告矿产资源和矿产储量数据，则必须在报告中包含一份说明，明确指出矿产资源是包含了矿产储量还是对矿产储量的补充。

---

[16] 另请参阅第32至34段中关于矿产资源分级的导则。

[17] 为强调矿产资源的不准确性，最终结果始终应称为估算而非计算。

70. 矿产储量估算数不得与矿产资源估算数包含在单一的合并数字中。[18]

指导

71. 探明矿产资源和推定矿产资源是矿产储量以外的补充。在前一种情况下，如果任何探明矿产资源和推定矿产资源由于经济或其他原因未能转换为矿产储量，则报告中应包含这些尚未转换的矿产资源的相关细节。这是为了帮助报告的读者判断这些尚未转换的探明矿产资源和推定矿产资源最终是否有可能转换为矿产储量。

72. 根据定义，推测矿产资源一向是对矿产储量的补充。出于第 24 段和本段所述原因，报告的矿产储量数字不得包含在报告的矿产资源数字中。否则，合计结果会具有误导性，可能被误解或误用，造成对承包者前景的不实印象。

八. 技术研究

73. "概略研究"是指对矿产资源的潜在经济价值进行经济研究，包括对结合实际情况所假设的转换因素以及与运作相关的任何其它必要因素进行适当评估，以显示在报告时根据合理判断可以推进至预可行性研究阶段。

74. "预可行性研究"是一个针对已经进展到需确定首选开采方法和矿产加工有效方法的矿产项目，就项目技术可行性和经济利用价值而对一系列备选方案进行的综合性研究。该研究包括依据对转换因素的合理假设以及对其它相关因素的评价而进行的财务分析，这些分析应足以让承包者在报告时合理确定是否可以把全部或部分矿产资源转换为矿产储量。预可行性研究的置信度要低于可行性研究。

75. "可行性研究"是指对矿产项目所选定开发方案进行的全面技术和经济研究，包括对应用的转换因素和任何其他相关运作因素进行适当的详细评估以及详细的财务分析，这些必要的评估和分析是为了证明在报告时该项目的开采有合理依据（有经济开采价值）。可行性研究的结果可以被提议者或金融机构作为最终决定是否继续推进项目开发或为项目开发提供融资的依据。可行性研究的置信度高于预可行性研究。

指导

76. 附文 1 以总表形式提供了一份清单，载有编写矿产勘探结果评估报告、矿产资源报告、矿产储量报告时应考虑的标准。除非这些标准会对矿产储量的估算或分级产生重大影响，否则无须在报告中予以讨论。经济或政治因素变动可能成为矿产储量发生重大变化的原因，因此应当予以报告。

---

[18] 某些情况下，出于一些原因，在报告矿产资源时把矿产储量包括在内，而在另外一些情况下，报告的矿产资源量则是对矿产储量的补充。必须明确说明具体采用的是哪种报告形式。可提出澄清性陈述。

附文 1

评估和报告标准一览表

1.　本表是矿产勘探结果评估报告、矿产资源报告、矿产储量报告的编制者应用作参考的一览表和导则。此表不具有规范性，而且信息是否相关和重要永远是决定应报告哪些信息的最高原则。必须说明对读者理解或解读所报告结果评估或估算数据可能产生重大影响的全部事项。当数据不充分或不确定，影响到矿产勘探结果评估说明时，或影响到矿产资源或矿产储量估算的可靠性或置信水平时，这一点尤为重要。

2.　表中所列各项标准的顺序和分组体现了勘探和评价的常规系统方法。第一组(取样技术和数据)所列标准也适用于后面各组。在一览表的其它部分中，每个组所列标准往往都适用于后面各组，在估算和报告时应予以考虑。

标准	解释
	取样技术和数据 **(本组标准适用于后续各组)**
取样技术	取样方式和质量(例如：自由落体抓斗取样器、箱式取芯器、箱式抓斗取样器等)以及为确保样品代表性而采取的措施
样品回收率	• 说明是否适当记录样品回收率并评估其结果 • 为最大限度提高样品回收率和确保样品代表性而采取何种措施 • 说明样品回收率与品位之间是否相关，是否由于有选择性地丢弃或获取颗粒粗细不同的矿物而导致样品偏差
编录和样品描述	• 说明样品编录或描述的详细程度是否足以支持适当的矿产资源估算、采矿研究和冶炼研究 • 说明编录是定性还是定量。提供样品照片
二次取样方法和样品制备	• 样品制备技术的性质、质量和适当性 • 为最大限度确保样品代表性而在各个二次取样阶段采取何种质量控制程序 • 为保证样品能够代表所采集的原位物质而采取何种措施 • 说明样品大小是否与所取样矿物的粒度相适应 • 建议陈述为确保样品完好而采取何种措施
分析数据和实验室测试质量	• 所采用分析和实验室程序的性质、质量和适当性，采用的是简分析法还是全分析法 • 所采用质量控制程序的性质(如标准样、空白样、副样或外部实验室检定)以及是否确定了准确度(即无偏差)及精度的合格标准

标准	解释
数据点位置	• 用于对矿产资源估算过程中其他取样点进行定位的测量结果的准确性和质量 • 地形测量控制的质量和完备性（提供方位图）
数据密度和分布	• 矿产勘探结果报告的数据密度 • 说明数据密度和分布是否足以确定具备充分的地质和品位连续程度，适于所采用矿产资源和矿产储量估算程序和分级 • 说明是否采用组合样品法
报告卷宗	记载原始数据、数据输入程序、数据核实、数据存储(实物和电子)，用于编制报告。
审核或复核	对取样技术和数据进行审核或复核的结果
	报告矿产勘探结果评估 **（上一组所列标准也适用于本组）**
矿业权和土地所有权	• 类型、检索名称/号码、位置和所有权，包括同第三方达成的协议或重要事项，如合资、合作、开采权使用费、环境背景等 • 报告时持有的保有权的安全性以及为在该地区作业获取合同方面有否已知的障碍 • 矿业权和所有权的位置平面图。并不期待技术报告中对矿产所有权的介绍像法律意见书那样，而应简要、清楚地陈述报告编写者对此类所有权的理解
其他方的勘探	对其他方所做勘探有何了解和评价
地质	• 矿床类型、地质环境和矿化休类型 • 应有可靠的地质图来支持对地质情况的解读
数据报告方法	• 报告矿产勘探结果评估时，截除最高及(或)最低品位(例如删除高品位)以及确定边际品位通常具有重大影响，应加以说明。 • 应明确说明用于报告金属当量值的假设条件
图表	报告一切重大发现时，如果与取样结果有关的地图和附标度表格能显著澄清报告，则在可能的情况下应将地图和表格列入报告
均衡报告	若无法综合报告所有矿产勘探结果评估，则应对低/高品位及厚度都出具代表性报告，以避免对此类评估做出误导性报告
其他重要勘探数据	其他勘探数据如有意义并具有重大影响，则也应报告，包括(但不限于)：地质观测数据；地球物理勘查结果；地质化学勘查结果；海底照相或声纳探测结果；大块样品以及大小和处理方法；冶炼试验结果；体积密度以及地质工程和岩石特性；潜在有害物质或污染物质
后续工作	计划后续工作的性质和范围(例如对侧向延伸的测试)

标准	解释
	矿产资源估算和报告 **(第一组标准适用于本组，若有相关性，则第二组标准也同样适用)**
数据库完整性	• 采取了何种措施以确保数据在原始采集到用于矿产资源估算之间不会由于转录或输入过程中的错误而有失准确 • 使用何种数据核实及(或)验证程序
地质解读	• 矿床地质解读的置信度(或者相反，不确定性) • 所用数据和所作假设的性质 • 如有其他解读，应说明这些解读对矿产资源估算的影响 • 在影响和控制矿产资源估算过程中如何使用地质因素 • 有哪些影响品位和地质连续性的因素
规模	矿产资源的分布范围和变化情况，以长度(沿走向或其它方向)和宽度来表示
估算和建模方法	• 所采用估算方法的性质和适用性以及主要假设，包括特高品位值处理、矿化体域确定、内插参数确定、取样数据点的最大外推距离确定等 • 有无核对估算、以往估算及(或)矿物生产记录情况，说明是否在本次矿产资源估算中适当考虑到这些数据 • 关于副产品回收有何假设 • 对有害元素或其它具有经济影响的非品位变量的估算结果 • 若采用块段模型内插法，须说明矿块大小与平均取样间距之间的关系以及样品搜索方法 • 构建选择性开采单元模型时所作有何假设(如非线性克里金法) • 说明对变量之间相互关系有何假设 • 验证程序，所采用检查程序，模型数据与取样数据之间的对比，以及对调整数据(若有)的使用 • 详细说明估算吨数(或丰度)和品位所采用方法和所作假设(剖面、多边形、反距离、地质统计或其他方法) • 说明如何利用地质解读来控制资源估算 • 论述采用或不采用低品位或特高品位处理的理由。如果选择了计算机方法，应描述使用何种程序和参数 • 地质统计方法差异极大，应详细论述。选择的方法应合理有据。应论述变差函数等地质统计参数及其与地质解读的匹配性 • 应考虑到将地质统计学应用于类似矿床时所获得的经验
湿度	说明吨数或丰度估算是在干燥还是自然湿度条件下进行，以何方法确定水分含量。
边际参数	所采用边际品位或适用的质量或数量参数的依据，包括金属当量公式(如适用)的依据

标准	解释
采矿因素或假设	• 对可能的采矿方法、最小采矿范围和内部(或外部，若适用)采矿贫化的假设。在估算矿产资源时，不一定总能对采矿方法和参数作出假设。如未作假设，则应予报告 • 为显示最终经济开采的现实前景，有必要作出基本假设。例如地质技术参数、海底地形、海底采矿区的面积、基础设施需求和估计的采矿成本。所有假设均应明确表述
冶炼因素或假设	• 说明拟采取何种冶炼工艺流程及其与矿化体类型的适合度。在报告矿产资源时，不一定总能就冶炼工艺流程和参数作出假设。如未作假设，则应予报告 • 为实事求是地反映最终经济开采前景，有必要作出基本假设。例如冶炼试验的范围、回收率因素、对副产品价值或有害元素的允许量、基础设施需求和估计的加工处理成本。所有假设均应明确表述
体积密度	• 说明体积密度是假设的还是探明的。若为假设的，应说明其依据。若为探明的，应说明所使用的方法，是含水还是干燥、测量频率、样品的性质、大小和代表性
级别划分	• 将矿产资源划分为不同置信度级别的依据 • 说明是否适当考虑到所有相关因素(即吨数/品位计算的相对置信度、地质连续性的置信度及金属价值、数据的质量、数量和分布) • 说明结果是否恰当地反映了承包者对矿床的看法
审核或复核	矿产资源估算的审核或复核结果
相对准确性/ 置信度论述	• 酌情说明采用承包者认为合适的方法或程序进行矿产资源估算的相对准确性及(或)置信度。例如，使用统计学或地质统计学程序，在给定的置信度范围内，对资源的相对准确性进行定量分析；或者，倘若认为这种方法不恰当，则对可能影响估算相对准确性或置信度的因素进行定性论述 • 上述说明应具体阐明其与整体估算还是局部估算有关；若为局部估算，则应说明与技术和经济评价相关的吨数或丰度 • 相关文件应包括所做的假设及所采用方法 • 若有生产数据，应将关于上述估算相对准确性和置信度的说明与生产数据进行比较

矿产储量估算和报告
(第一组标准适用于本组，若有相关性，则第二组和第三组标准也同样适用)

用于转换为矿产储量的矿产资源估算	• 论述用作矿产储量转换依据的矿产资源估算 • 明确说明所报告的矿产资源是在矿产储量之外的补充，还是已包括矿产储量。
研究状况	• 为将矿产资源转换为矿产储量而开展的研究的类型和程度 • 报告标准不要求已经开展最终可行性研究后才能将矿产资源转换为矿产储量，但要求至少在预可行性研究阶段就已确定在技术上可行、有经济价值的采矿计划，而且已考虑了所有转换因素

标准	解释
边际参数	适用的边际品位或质量参数的依据，适当情况下包括金属当量公式的依据。边际参数也可能表述为每块矿石的经济价值而非品位
采矿因素或假设	• 将矿产资源转换为矿产储量所用的方法和假设(是以优化形式应用适当因素,还是初步设计或详细设计) • 选定何种采矿方法、其性质和恰当性、选定何种大小的采矿单位、其他采矿参数,包括相关设计问题 • 就地质技术参数(如海床坡度和地形条件)作出何种假设 • 使用何种采矿贫化因素、采矿回收率因素、可采矿床最小厚度 • 选定的采矿方法对基础设施有何要求。如有相关资料,应说明性能参数以往的可靠程度
冶炼因素或假设	• 拟采用何种冶炼工艺流程及其对矿化体类型的适宜性 • 说明冶炼工艺流程是经过验证的技术,还是新技术 • 所开展冶炼试验工作的性质、数量和代表性,适用何种冶炼回收率 • 对有害元素的假设或允许量 • 是否已有大块取样或试点规模的试验工作,此种样品对整个矿体的代表性程度如何 • 应明确说明报告的矿产储量吨数和品位是指送至工厂的还是回收后的矿物 • 对现有工厂和设备作出评述,包括指出其重置价和残值
成本和收入因素	• 预测的资本和经营费用的来源或相关假设。 • 与收入因素相关的假设,包括精矿品位、金属或矿产品价格、汇率、运输和处理费用、罚款等。 • 为采矿权使用费应付款、国际惠益分享预留的份额 • 特定期间的基本现金流投入
市场评估	• 特定矿产品的供需和库存情况、消费趋势和可能影响未来供需的因素。 • 客户和竞争对手分析,指明产品的潜在市场窗口 • 价格和产量预测及预测依据
其他	• 自然风险、基础设施、环境、法律、市场、社会或政府因素对项目可能具有的可行性及(或)对矿产储量估算和分级的影响(如有) • 对项目可行性至关重要的产权状况和批准,如采矿租约、排污许可、政府批准和法定批准 • 论述已预见到的环境责任 • 采矿权和所有权位置图

标准	解释
级别划分	• 将矿产储量划分为不同置信度类别的依据 • 说明结果是否恰当地反映了承包者对矿床的看法 • 从探明矿产资源(若有)得出的概略矿产储量的比例
审核或复核	对矿产储量估算的审核或复核结果
相对准确性和置信度论述	• 适当情况下，采用承包者认为合适的办法或程序，就矿产储量估算的相对准确性和(或)置信度作出声明例如，在给定的置信度范围内，应用统计学或地质统计学程序，对储量的相对准确性进行定量分析；或者，若认为这种方法不适用，则对可能影响估算相对准确性或置信度的因素进行定性论述 • 这类说明应具体阐明是与整体估算相关，还是与局部估算相关；若为局部估算，则应说明与技术和经济评价相关的吨数或丰度相关文件记录应包括所作假设及所采用程序 • 若有生产数据，应将关于估算相对准确性和置信度的说明与生产数据进行比较

附文 2

一般术语及同义词和定义

在国际海底管理局报告标准中，有些词语采用其一般含义，但在本行业的特定群体中，它们可能还有更专门的含义。为避免重复或含混，下文列出这些术语，同时列出就本导则而言可视作其同义词的其他术语。

通用术语	同义或近义词	定义
边际品位	产品规格	具有经济开采价值并存在于给定矿床中的最低品位或质量的矿化物质。边际品位可按经济评估或根据决定合格产品规格的物理或化学属性来确定。
可行性研究	—	对矿床的综合研究，研究中对所有的地质、工程、法律、运营、经济、社会、环境和其他相关因素作了充分详细的考虑，可以作为合理依据供金融机构最终决定是否为以矿物生产为目的的矿床开发提供融资。
品位	品质、化验、分析、价值	目标矿物样品或产品的物理或化学特性的测定数据。
冶炼	加工处理、选矿、制备、浓缩	从大量矿物中分离出目标成分的物理或化学分离法。从开采出的矿物中制备出最终可销售产品的方法，如筛分、浮选、磁选、浸出、水洗、焙烧。
矿产储量	矿石储量	已定级为储量的矿床。海管局报告标准更倾向使用"矿产"，但"矿石"一词普遍使用并得到广泛认同。也可使用其他术语来进一步明确其含义(如"海底储量")。
矿化体	矿床类型、矿化体类型	大量存在的任何一种矿物或多种矿物的混合，或此类矿物形成的有潜在经济价值的矿床。该术语意在涵盖矿化作用可能发生的所有类型，不论是按矿床类别、赋存模式、成因还是成分划分。
采矿	海底采集	从地层(地表、地下或海底)开采金属和矿物的所有相关活动。
预可行性研究	初步可行性研究	针对矿产项目可行性所作的综合研究。所研究项目：(a) 已进展到已确定开采方法和有效矿产加工方法的阶段；(b) 包括依据对技术、工程、法律、运作和经济因素的合理假设以及对其它相关因素的评价而进行的财务分析，这些分析应足以让有适当资格和经验人员合理确定是否可以把全部或部分矿产资源划归矿产储量。
回收率	出产率	在开采或处理过程中萃取的最初目标矿物的比例。这是采矿或加工效率的一种衡量标准。
吨数	数量、体积、丰度	目标矿物的数量表示，不管其测量单位如何(但在报告数字时应说明测量单位)。

国际海底管理局

ISBA/21/C/19**

Distr.: General
8 February 2016
Chinese
Original: English

理 事 会

第二十一届会议

2015 年 7 月 13 日至 24 日

牙买加金斯敦

国际海底管理局理事会有关根据《关于执行 1982 年 12 月 10 日联合国海洋法公约第十一部分的协定》附件第 1 节第 9 段延长已核准勘探工作计划期限的程序和标准的决定

国际海底管理局理事会，

回顾《联合国海洋法公约》第一六二条第 2 款(a)和(l)项规定，理事会应就管理局职权范围内所有问题和事项监督和协调《公约》第十一部分规定的实施，并按照《公约》第一五三条第 4 款和管理局的规则、规章和程序，对"区域"内活动行使控制，

又回顾其 2014 年 7 月 23 日的决定[1] 第 2 段，其中理事会请法律和技术委员会作为紧急和第一优先事项，依照《规章》附件四所载标准条款第 3.2 节拟定申请延长勘探合同的程序和标准草案，供理事会第二十一届会议审议，

考虑到法律和技术委员会对依照《关于执行 1982 年 12 月 10 日联合国海洋法公约第十一部分的协定》附件第 1 节第 9 段延长已核准勘探工作计划期限的程序和标准[2] 的建议和财务委员会的建议，

1. 采行本决定附件所载依照《关于执行 1982 年 12 月 10 日联合国海洋法公约第十一部分的协定》附件第 1 节第 9 段延长已核准勘探工作计划期限的程序和标准；

---

* 由于技术原因于 2016 年 2 月 8 日重新印发。

[1] ISBA/20/C/31。

[2] ISBA/21/C/WP.1。

请回收

2. 重申法律和技术委员会遵照《公约》第一六五条和 1994 年协定附件第 1 节第 9 段规定的任务，应该审议承包者是否已经真诚努力遵照工作计划的要求去做，但因承包者无法控制的原因而未能完成进入开发阶段的必要筹备工作，或是否当时的经济情况使其没有足够理由进入开发阶段；

3. 吁请担保国或国家按照其义务向秘书长确认继续在整个延长期提供担保；

4. 请秘书长向管理局所有承包者通报本决定，并请申请延长的承包者着重指出拟对活动方案所作的修改和(或)补充。

第 212 次会议
2015 年 7 月 23 日

附件
依照《关于执行 1982 年 12 月 10 日联合国海洋法公约第十一部分的协定》附件第 1 节第 9 段延长已核准勘探工作计划期限的程序和标准

一. 延期申请的形式和内容

1. 勘探合同持有者(以下简称"承包者")可按下文所载程序，提出勘探合同延期申请。承包者每次可申请延期的期限不超过五年。

2. 勘探合同延期申请应以书面形式提交国际海底管理局秘书长，并应载列附件一所载资料。提交勘探合同延期申请应不迟于申请所涉合同终止前六个月。

3. 除非担保(诸)国在申请延期之时另有说明，担保资格应被认为在整个延期期间继续有效，担保(诸)国应继续承担《公约》第 139 条、第 153(4)条及《公约》附件三第 4(4)条所规定的责任。

4. 勘探合同延期申请的处理费用定为 67 000 美元，或等值的可自由兑换货币，在提交申请书时付清。

5. 如果管理局处理申请书产生的行政费用低于上文第 4 段所述的固定数额，管理局须将余额退还承包者。如果管理局处理申请书的行政费用超过上文第 4 段所述固定数额，承包者应向管理局补缴差额，但承包者支付的额外数额不得超过第 4 段所述固定费用的 10%。

6. 考虑到财务委员会为此设立的标准，秘书长应确定上文第 5 段所述的此类差额，并将数额通知承包者。通知中应列入管理局的支出明细表。承包者的应付数额或管理局的应退数额应在理事会对申请做出最后决定后三个月内支付。

二. 勘探合同延期申请的受理

 7. 秘书长应：

  (a) 以书面形式表示收到每一份勘探合同延期申请，注明收件日期；

  (b) 将收到申请书一事及上文第 3 段中的要求通知担保(诸)国；

  (c) 妥善保管申请书及其附文和附件，并确保申请书所载全部机密数据和资料的机密性；

  (d) 将收到申请书一事通知管理局成员，并向他们分发关于这项申请的一般性非机密资料；

  (e) 通知法律和技术委员会成员，并将该申请书的审议作为一个项目列入委员会下一次会议的议程。

三. 法律和技术委员会的审议

 8. 委员会应按收件先后次序从速审议勘探合同延期申请。

 9. 委员会应审议并审查承包者就勘探合同延期申请提供的数据和资料。为了审查的目的，委员会可请承包者提供更多的必要数据和资料，说明实施工作计划和遵守合同标准条款的情况。

 10. 委员会在履行职责时，应无歧视地统一适用本程序和标准及管理局的细则、关于特定矿产资源的规章和程序。

 11. 如委员会认为勘探合同延期申请不符合本程序规定，或承包者没有按照委员会的要求提供数据和资料，委员会则应通过秘书长书面通知承包者并说明理由。承包者可以在这种通知发出后 45 天内修正其申请书。如委员会在进一步审议后，认为不应建议核准勘探合同延期的申请，则应通过秘书长将此意见通知承包者，并再给承包者在 30 天内提出交涉的机会。委员会在拟定提交理事会的报告和建议时应考虑承包者提出的任何这类交涉意见。

 12. 如委员会认为，承包者已经真诚努力遵照工作计划的要求去做，但因承包者无法控制的原因而未能完成进入开发阶段的必要筹备工作，或由于当时的经济情况使其没有足够理由进入开发阶段，委员会则应建议核准勘探合同延期的申请。

 13. 委员会应根据管理局会议时间表，利用第一个可能的机会向理事会提交报告和建议。

四. **理事会的审议**

14. 理事会应依照《关于执行 1982 年 12 月 10 日联合国海洋法公约第十一部分的协定》附件第 3 节第 11 和第 12 段，审议委员会就已核准勘探工作计划延期申请提出的报告和建议。

15. 经理事会核准后，秘书长将同承包者授权代表签署本文件附件二所载格式的协议，延长合同。根据相关各项《规章》，延长期间适用于合同的条款和条件应为延期之日生效的条款和条件。[3]

五. **过渡条款**

16. 如果合同延期申请已依照本程序按时提交，而合同将在法律和技术委员会下一次排定会议之后和理事会下一次排定会议之前到期，合同及合同规定的所有权利和义务则应被视为延长至理事会能够开会核准委员会就该合同提交的报告和建议之时。从合同若未按照本程序延期则将失效的日期算起，在任何情况下不得因适用本条规定而使合同延期超过五年或承包者所请求的较短期限。

---

[3] 如不另加说明，凡提及 "各项《规章》" 之处，均为《"区域" 内多金属结核探矿和勘探规章》(ISBA/19/C/17，附件)、《"区域" 内多金属硫化物探矿和勘探规章》(ISBA/16/A/12/Rev.1)和《"区域" 内富钴铁锰结壳探矿和勘探规章》(ISBA/18/A/11)等三项规章的统称。

附文一

勘探合同延期申请应包含的资料

1. 勘探合同延期申请应包括以下内容：

(a) 承包者请求勘探合同延期的理由陈述。理由陈述应说明请求延长的期限(不超过五年)，并应：

㈠ 解释承包者无法控制的、使其不能完成开采阶段之前必要准备工作的具体原因；或

㈡ 解释当时的经济情况使其没有足够理由进入开发阶段的原因，包括解释相关经济环境指的是全球总体市场情况还是有关承包者自身项目的可行性评估。

(b) 承包者在整个合同期间迄今已开展的工作以及参照已核准勘探工作计划计量的结果的详细摘要。摘要应包括：

㈠ 根据管理局对具体矿产资源制定的报告标准 对矿产资源和/或矿产储量的估计；以及矿产资源量和/或矿产储量在勘探合同区内的空间分布；

㈡ 以表格形式概述指导承包者的相关建议中所列的有关环境变量的所有环境基线数据；[a]

㈢ 依照勘探合同向管理局提交的所有报告的完整清单；

㈣ 依照勘探合同向管理局提交的所有数据和资料的完整目录；

㈤ 管理局依照勘探合同审查年度报告后要求提交或除此之外依照合同应向管理局提交，以及尚未提供或尚未以管理局要求或可接受的格式提供的所有数据；

㈥ 按照法律和技术委员会根据各项《规章》发布的给承包者的指导建议 [b]并依照勘探合同提供的支出细目，说明在合同期间任何偏离预计年度支出的情况；

㈦ 依照勘探合同提供培训的情况摘要；

(c) 延长期内拟议勘探方案介绍和时间表，并附有详细的活动方案，以表明拟对已核准的合同勘探工作方案做出的修改或补充；承包者将在延长期间完成进入开发阶段的必要筹备工作的说明；

---

[a] ISBA/19/LTC/8。

[b] ISBA/21/LTC/11。

(d) 在必要时提出在延长期间拟放弃勘探区域任何部分的详细说明；

(e) 延长期内活动方案的预计年度支出明细表；

(f) 依照法律和技术委员会根据各项《规章》发布的给承包者的指导建议，为延长期拟订的培训方案。[c]

2. 所有与勘探合同延期申请有关的数据和资料应以纸质复印件及管理局指定的数字格式提交。

---

[c] ISBA/19/LTC/14。

附文二

_____年____月____日国际海底管理局与_____[承包者]关于延长国际海底管理局与_____[承包者]之间_____[矿产资源]勘探合同期限的协议

国际海底管理局(由秘书长代表)(以下简称"管理局")与_____[承包者](由_____代表)(以下简称"承包者"),同意将管理局与承包者____年___月___日在_____[地点]签署的从____年____月___日[原始合同终止日期]开始为期____年的_____[矿产资源]勘探合同,连同相关附件,延长____年至____年___月____日,但须作下列修正。

1.　合同附录 2 应代之以本协议所附活动方案,作为附件一。

2.　合同附录 3 应代之以本协议所附培训方案,作为附件二。

3.　合同执行部分第 1 段提及的标准条款应代之以本协议所附的标准条款,作为附件三,[a] 且标准条款应纳入合同,其效力视同合同条款。

除上述修正外,合同在其他所有方面仍具有完全效力。修正将于_____年___月___日生效。

下列签署人经各自一方正式授权,于____年___月___日在_____[地点]签署本协议,**以资证明**。

_____

[a] 对截止日期为 2016 年和 2017 年的合同而言,这里指的是理事会 2013 年 7 月 22 日通过、后经 ISBA/19/A/12 修订的《"区域"内多金属结核探矿和勘探规章》附件四(ISBA/19/C/17,附件)。